Dietrich Schönbeck

Was ist das Produkt von Schule?

Grundlagen der Schulbetriebswirtschaftslehre

Bachelor + Master
Publishing

Schönbeck, Dietrich: Was ist das Produkt von Schule? Grundlagen der Schulbetriebswirtschaftslehre, Hamburg, Diplomica Verlag GmbH 2012
Originaltitel der Abschlussarbeit: Systemisch-konstruktivistischer Unterricht als Dienstleistung: Möglichkeiten und Grenzen der Vereinbarkeit eines pädagogischen und eines betriebswirtschaftlichen Konzeptes

ISBN: 978-3-86341-444-3
Druck: Bachelor + Master Publishing, ein Imprint der Diplomica® Verlag GmbH, Hamburg, 2012
Zugl. Technische Universität Kaiserslautern, Kaiserslautern, Deutschland, MA-Thesis / Master, Januar 2012

Bibliografische Information der Deutschen Nationalbibliothek:
Die Deutsche Nationalbibliothek verzeichnet diese Publikation in der Deutschen Nationalbibliografie; detaillierte bibliografische Daten sind im Internet über http://dnb.d-nb.de abrufbar.

Die digitale Ausgabe (eBook-Ausgabe) dieses Titels trägt die ISBN 978-3-86341-944-8 und kann über den Handel oder den Verlag bezogen werden.

Inhaltsverzeichnis

Abkürzungen, Tabellen und Abbildungen

a. Abkürzungen

Produkt = Oberbegriff für Dienstleistung und Sachgut

ED = Ermöglichungsdidaktik

BWL = Betriebswirtschaftslehre, betriebswirtschaftlich (- es)

b. Abbildungs – und Tabellenverzeichnis

I. Einleitung

A. Ablauf

1. Überblick

Seit vielen Jahren wird der Umbau von der Industrie – zur Wissensgesellschaft oder Dienstleistungsgesellschaft thematisiert. Ebenso selbstverständlich und pauschal wird Schule dem Dienstleistungssektor zugeordnet. Auch in vielen Skripten des Fernstudienganges Schulmanagement wird statuiert, dass „Schule" eine Dienstleistung sei. Welche Begrifflichkeit sich hinter dieser Zuordnung verbirgt und welche Berechtigung diese Zuordnung hat, bleibt unklar. Die nun folgende Masterarbeit soll einen Versuch darstellen, den Zusammenhang zwischen systemisch–konstruktivis - tischem Unterricht und Dienstleistung zu beleuchten, und dabei kritisch die Möglichkeiten und Grenzen der Vereinbarkeit dieser Modelle aufzuzeigen.

2. Fragestellung der Masterarbeit

Konstruktive Forschungsfrage 1

Lässt sich systemisch-konstruktivistischer Unterricht als Dienstleistung beschreiben und wenn ja, wie?

Kritische Forschungsfrage 2

Welche Grenzen für die Vereinbarkeit dieser beiden Modelle lassen sich angeben?

3. Eingrenzungen

Die Produktpalette von Schule ist sehr umfangreich, siehe dazu die Aufzählung bei Lindemann, 2010, S. 51-54. Daher konzentriert sich der Verfasser auf den Kern von Schule, den Unterricht. Mit dieser Fokussierung auf Unterricht ist die Eingrenzung auf Schüler/Lerner als Anspruchsgruppe (Kunden) schon mitgedacht.

Als Beispiele für systemisch-konstruktivistischen Unterricht wird die Ermöglichungs-didaktik ausgewählt. Formal geht damit eine Einschränkung auf den Weiterbildungs-bereich bzw. die Erwachsenenbildung einher, allerdings ist diese Einschränkung auf diesen Bereich eher graduell denn prinzipiell gültig.

Der Fokus liegt bei der Interaktion zwischen Lehrer und Lerner als Einzelperson als der Basisbeziehung von Unterricht zumindest im Grundlagenteil. Gruppenunterricht wird notwendigerweise im weiteren Verlauf der Untersuchung thematisiert.

Weiter steht das <u>Handeln des Lehrers</u> im Unterricht als zentraler Aspekt einer möglichen Dienstleistung im Vordergrund. Diese Sicht bezieht sich systemisch auf das Eigenbild der Schule.

Unterricht als Dienstleistung zu untersuchen ist eine Eingrenzung, denn Unterricht könnte genauso gut eine Ware sein. Das Problem „Dienstleistung oder Sachgut" wird im späteren Zusammenhang noch aufgegriffen.

Qualitätsbetrachtungen insbesondere zu Passung, Kopplung oder Qualifikation der Lehrkräfte können nur am Rande behandelt werden.

4. Wissenschaftstheoretische und methodische Überlegungen

Wissenschaftstheoretische Überlegungen

Die beiden hier betrachteten Modelle entstammen unterschiedlichen Wissenschaftsgebieten, der BWL und der Pädagogik. Beide gehören zu den Sozialwissenschaften, Brockhaus 1998, Bd 20, S. 493, Bartelborth, S. 16.

<u>Überlegungen zur BWL</u>

Ziel der BWL ist es, den Entscheidungsträgern „Handlungsempfehlungen zur Optimierung betrieblicher Prozesse" zu geben, Wöhe, S. 5 o., S. 27 o. (Innerhalb der BWL wäre das Know-How zum Unterricht dem Betriebsbereich Produktion zuzuordnen). Das Erfahrungsobjekt der BWL ist der Betrieb (und nicht ausschliesslich die gewinnorientierte Unternehmung! Anmerkung des Verfassers) , Wöhe, S. 27, Schierenbeck/Wöhle, S. 9. *„Als Betrieb bezeichnet man eine planvolle organisierte Wirtschaftseinheit, in der Produktionsfaktoren kombiniert werden, um Güter und Dienstleistungen herzustellen und abzusetzen"*, Wöhe, aaO. Vergleicht man diese Definition mit einer gängigen Definition von Schule: *„Schule ist eine organisierte, auf eine Mindestdauer angelegte Einrichtung, in der unabhängig vom Wechsel der Lehrer und der Schüler durch planmäßiges gemeinsames Lernen in mehreren Fächern bestimmte Bildungs – und Erziehungsziele verfolgt werden"*, Avenarius/Heckel, S. 5, so fällt aus Sicht des Verfassers Schule unter den Begriff des Betriebes.

Die zur Erforschung des Erfahrungsobjektes eingenommene Perspektive nennt man das Auswahlprinzip, Wöhe, S. 33. Die von der BWL eingenommene Perspektive ist das ökonomische Prinzip, Wöhe aaO. Dies bedeutet, dass der Einsatz der Produktionsfaktoren rational erfolgt: Maximaler Ertrag bei festem Aufwand, minimaler Aufwand bei festem Ertrag, bzw. ein günstiges Verhältnis zwischen Aufwand und Ertrag, Schierenbeck/Wöhle, S. 5, wobei dieses Auswahlprinzip auch innerhalb der BWL nicht mehr unumstritten ist, Wöhe, S. 8f., ähnlich Schierenbeck/Wöhle, S. 12.

Überlegungen zur Schulpädagogik bzw. Didaktik

Didaktik ist eine Teildisziplin der Schulpädagogik und befasst sich mit allen Fragen des Lehrens und Lernens, Terhart, S. 73, d.h. das Erfahrungsobjekt der Didaktik ist der Unterricht. Ziel/Aufgabe der Didaktik ist es, analytische bzw. normative Modelle für den Unterrichtsprozess bereitzustellen und Hilfestellung für die Gestaltung von Unterricht zu geben, Terhart, S. 76. Didaktik ist das Steuerungs – bzw Betrachtungsinstrument von Unterricht und das zentrale Prozess-Know-How des Betriebes Schule. Die hier eingenommene Perspektive bzw. das Auswahlprinzip ist das systemisch – konstruktivistische Paradigma, entsprechend Terhart, S. 75 (4). Auch hier wären andere Sichtweisen möglich, siehe Terhart, S. 73 – 76, (1) bis (6) ohne (4).

Abschließende Bemerkung

Die Erfahrungsobjekte von BWL und Didaktik weisen Gemeinsamkeiten auf, d.h. es liegen hier keine disjunkten Erfahrungsobjekte vor und eine Untersuchung ist insofern überhaupt möglich. Das jeweilige Auswahlprinzip ist verschieden. Die Zielsetzungen sind in beiden Fällen Handlungsempfehlungen: einmal auf der globalen Ebene für den Betrieb bzw. für die Produktion, ein anderes Mal auf der lokalen Ebene für den Unterricht.

Wahl der Methode

Der Titel „Unterricht als Dienstleistung" geht impliziert von der Frage aus, ob sich der Begriff „Unterricht" unter den Begriff „Dienstleistung" subsumieren lässt. Schon in dieser sprachlichen Betrachtung ist „Dienstleistung" der allgemeinere Begriff und „Unterricht" der speziellere Begriff. Dies entspricht auch den Vorüberlegungen zum Erfahrungsobjekt. Dies akzeptierend kann Unterricht begrifflich nicht gleich Dienstleistung sein. Die Modelle sind nicht identisch, was trivialerweise gegeben ist.

Es geht im Kern dieser Masterarbeit um die Klassifikation von Unterricht in Begriffen der BWL. Diese Frage ist theoretischer und begrifflicher Natur und wird daher mit der entsprechenden Methode bearbeitet.

Die gewählte Methode dieser Masterarbeit ist eine Subsumtion, die zu den deduktiv – nomologischen Verfahren gehört, vergl. Bartelborth, S. 23. Als ehemaliger Student der Rechtwissenschaft hat der Verfasser bereits mit dieser Methode hinlänglich Erfahrung sammeln können. Die logische Struktur der Subsumtion lautet: Obersatz – Untersatz – Schlussfolgerung bzw. Gesetz – Randbedingung – Explanandum, Barthelborth, aaO.

Als Obersatz / Gesetz ist hier der Dienstleistungsbegriff und als Untersatz / Randbe- dingung der systemisch – konstruktivistische Unterrichtsbegriff der ED zu wählen. Eine entsprechende Untersuchung setzt deshalb die Betrachtung der Merkmale der Begriffe voraus, daher müssen die betrachteten Modelle systemisch – konstruktivistischer Unterricht in der Sicht der ED und „Dienstleistung" in ihren Elementen analysiert und dargestellt werden.

Hinsichtlich der Dienstleistungsdefinition ist dieses Verfahren, da der Verfasser die DL – Definition aus der Literatur entnimmt und keine Anpassungen vornehmen muss, rein deduktiv. Idealerweise sollten sich auch die Merkmale systemisch – konstruktivisti- schen Unterrichts aus der Literatur deduzieren lassen. Da dies aber aufgrund des prototypischen Charakters der ED nicht vollständig gelingen kann, ist es erforderlich, dass der Verfasser an den relevanten Stellen eine allgemeine Begrifflichkeit für den Unterricht im Sinne der ED induziert. Jenseits aller Rationalität hat die Subsumtions- methode immer auch subjektive Anteile, die sich genau an dieser Stelle zeigen.

Der Schlussteil der Subsumtion besteht darin, alle Merkmale des systemisch- konstruktivistischen Unterrichtes auf ihre DL – Eigenschaft zu untersuchen. Hierbei können sich nun noch folgende Resultate ergeben:

- Alle Merkmale des Unterrichts erfüllen die DL – Definition und Unterricht ist vollständig als Dienstleistung zu bezeichnen.
- Ein Teil der Merkmale des Unterrichts erfüllt die DL – Definition und ein Teil nicht, womit ebenfalls ein hinreichend differenziertes Ergebnis erzielt wäre.

B. Bezüge

1. Einordnung in das Studium „Schulmanagement"

Aus Sicht des Verfassers lässt sich das Thema – jenseits des querschnittlichen Charakters dieser Masterarbeit – bei den folgenden Modulen des Studiums einordnen.

Schulentwicklung SM 700 (entspricht der Makroebene der BWL)
Verselbständigung von Schule bedeutet: Schule wird ein eigenständiges System, welches sich mit seiner Umwelt in Austauschprozessen befindet. Die Betrachtung von Schule als Dienstleistung ist ein spezifisches betriebswirtschaftliches Organisations-verständnis, welches mit den Schlagworten Kunde-Lieferant-Dienstleistung umrissen wird. Der Austauschprozess - bzw. ein Teil dieses Austauschprozesses - des Systems Schule mit dem Umweltsystem Eltern-Schüler wird hierdurch beschrieben. Die mögliche Übernahme dieser Begriffe aus der BWL verändert die Außensicht der Schule und räumt der Umwelt, sprich Schülern und Eltern, ein hohen Stellenwert als Kunden dieser Dienstleistung ein. Eine veränderte Sicht (systemisch: „Leitdifferenz) führt zu anderen Handlungsoptionen einer Schule.

Unterrichtsentwicklung (entspricht der Mikroebene Didaktik)
Unstrittiger Kern von Schule ist Unterricht. Die zu untersuchende Fragestellung kann in einer neuen Sicht von Unterricht münden bzw. testet eine neue Sicht von Unterricht.
Die Transskription von Unterricht in Begriffe der BWL befördert eine Analyse von Unterricht, die gegebenenfalls neue Impulse für die Optimierung von Unterricht ermöglicht.

2. Einbettung in den gesellschaftlichen Veränderungskontext

Am Prototyp der industriellen Fertigung, hier mit den Begriffen Fließbandfertigung - Taktung - Standardisierung umrissen, haben sich in der Vergangenheit andere gesellschaftliche Bereiche und wissenschaftliche Disziplinen orientiert. Die Zeiträume, in denen sich Veränderungen vollzogen waren lang. Mit der Industriegesellschaft ging auch eine klare Dreiteilung des Lebenslaufs einher: Ausbildung – Arbeitsleben – Ruhestand, die am Arbeitsleben orientiert ist, Kohli zitiert bei Sackmann, 2007, S. 19/20, siehe auch Beck, S. 224/225. Dies setzte hinsichtlich der Ausbildung Vorratslernen und die richtige Auswahl lebenslang nützlichen Wissens voraus, vergl. Arnold/Gomez, S. 17 unten.

Auch die allgemeine BWL orientierte sich am Leitmodell des Industriebetriebes mit der Fertigung von Waren, Corsten, 1997, S. 2. So z.B. aktuell: Schierenbeck/Wöhe, S. 12.

Die in der Schule vorherrschende Praxis lehnte sich ebenfalls an die industrielle Fertigung an, in den Schulmanagementskripten mit „Erzeugungsdidaktik", Schüßler, 2008, S. 15, bzw. „mechanischer Didaktik", Arnold/Pätzold, 2006, S.28 bzw. 31 umrissen. In diesem Zusammenhang war die Erreichung vorn Standards und die Einhaltung der Taktung der Normalfall und alles Abweichende ein Problem. Dies erklärt auch die Defizitorientierung von Beratung, Arnold, 2009, S. 15, Arnold/Pätzold, S. 71 Mitte, die nur der Wiederanpassung an den Standard diente.

Mit dem Wandel der Gesellschaft werden die genannten Bereiche simultan in Bewegung versetzt. Dieses führt zur Entgrenzung, Entstandardisierung und Beschleunigung aller Abläufe. Die Prognostizierbarkeit für das richtige Wissen nimmt ab, Arnold/Tutor Gomez, S. 15, 19. Der Übergang von der Erzeugungs- zur Ermöglichungsdidaktik ist nur ein Teil dieser Bewegung.

Der mit dem Übergang zur Wissens – und Dienstleistungsgesellschaft einhergehende Gewinn an Gestaltungsspielraum für das Individuum: Selbstbestimmtheit, Individualisierung des Lebenslaufes, etc., ist ein zweischneidiges Schwert. Es ist keinesfalls so, dass eine höhere wohlwollende Instanz beschlossen hätte, die Individuen der Industriegesellschaft aus der Taktung der Fabrik in eine selbst bestimmte Freiheit zu entlassen. Der Vorteil liegt vor allem in effizienteren Arbeitsprozessen, denn die herkömmlichen betrieblichen Organisationsstrukturen können den beschleunigten Wandel nicht mehr bewältigen, vergl. Pätzold, S. 51.

Ob auch das selbst organisierte Lernen in diesem Zusammenhang nicht nur eine neue Methode der Steuerung/Kontrolle durch die Gesellschaft darstellt, sollte man kritisch hinterfragen, vergl. Forneck, S. 13 oben, 14 Mitte, 15 Mitte.

3. Die Übernahme wirtschaftlicher Methoden/Begriffe in den Bildungsbereich

<u>Allgemein</u>

Die Übernahme von wirtschaftlichen Methoden, Sichtweisen und Begrifflichkeiten in den Bildungsbereich ist bereits weit fortgeschritten. Wesentliche Teile der Skripte des Studienganges Schulmanagement entstammen betriebwirtschaftlicher und nicht pädagogischer Provenience. Dies betrifft insbesondere den Bereich der Qualität, SM 910/920, ein Schlüsselthema. Die meisten der in den deutschen Bundesländern verwendeten Qualitätsrahmen fußen auf dem EFQM – Manual, Maritzen, S. 17(19), und dieses ist definitiv betriebswirtschaftlicher Herkunft.

Sicher ist auch der Begriff „Schulmanagement" aus der BWL entlehnt, mit einem implizit stattfindenden Bedeutungstransfer, zumindest läuft das Rationalitätsprinzip hier „Huckpack" mit. Verdeckt ist das Rationalitätsprinzip auch schon im Nachhaltigkeitsprinzip enthalten, vergl. Arnold/Haecky, S. 172. „Der Begriff der Nachhaltigkeit ist ein Wirkungsbegriff", Arnold/Haecky, S. 173. Es geht auch hier darum, mit dem Ressourceneinsatz (Lehrerstunden, Lernmaterialien) mehr Ertrag zu erzielen, und dies ist das Rationalitätsprinzip.

Ein weiteres Beispiel ist das Angebotsmodell von Helmke, S. 44/45/73. Unterricht ist hier ein Nutzungsangebot, welches Schüler/Lerner wahrnehmen oder auch nicht. Allein bei Voß, 2005, findet sich mindestens fünf Mal das Wort Angebot: S.45/47/48/49/57

Allerdings, und jetzt spricht der juristisch vorgebildet Verfasser, impliziert „Angebot" das zivilrechtliche Konstrukt des Vertrages: Angebot und Annahme als konstituierende Elemente, Lieferung und Zahlung als die den Vertrag abwickelnden Elemente. Vertragsrecht impliziert auch Vertragsfreiheit, d.h. die Freiheit, Verträge mit wem auch immer im Rahmen der Rechtsordnung einzugehen. Die Vertragfreiheit trägt aber auch das freie Spiel der Kräfte im Sinne von Angebot und Nachfrage mit sich. Zumindest bahnt die Verwendung entsprechender Begrifflichkeit, so sie denn nicht vollends losgelöst von der ursprünglichen Bedeutung verwendet wird, entsprechender wirtschaftlicher Betrachtung einen Weg.

<u>Speziell: Dienstleistung</u>

Die in der Einleitung kritisierte pauschale Zuordnung von Bildung/Unterricht als Dienstleistung soll noch etwas unterfüttert werden. Auch hier ist die Entwicklung recht weit fortgeschritten.

Paradebeispiel ist hier die DIN 29990 für Lerndienstleistungen, Rau/Krebs, 2011. Diese Norm regelt im nationalen bzw. internationalen Bereich die Qualität usw. für Lerndienstleistungen, Rau/Krebs, 2011, S. 9. Der Geltungsbereich diese DIN ist relativ umfangreiche und erstreckt sich auf weite Bereiche der Bildungslandschaft, so auch auf Universitäten, Schulen, etc. Rau/Krebs, aaO. Spezifikationen zur „Dienstleistung" Bildung, wie exakte Definitionen etc., sucht man vergeblich.

Auch in der vom Verfasser gesichteten Literatur finden sich immer wieder Beispiel für die Verknüpfung von Bildung/Unterricht und DL: Schüßler/Thunres, 2006, S. 15 links, so auch Tenberg, Kap. 3.2.1. „Als zentrale Dienstleistung von einer Schule ist der Gesamtkomplex Unterricht festzustellen." bzw. Kap. 3.1.3: „Schulen sind ausgewiesene Dienstleistungsunternehmen". Oder: „... es handelt sich bei Bildung und Erziehung um eine Dienstleistung, ...", Arnold/Faber, S. 17, anderer Ansicht aber Arnold 2009 b, S.1184, mit kritischer Bemerkung dazu. Vergleiche auch die unsystematische und globale Aufzählung bei Lindemann, 2010, S. 51- 53.

Eine wirklich fundierte Behandlung des Themas Unterricht und Dienstleistung wurde dort nicht geleistet. Es blieb/bleibt bei den entsprechenden pauschalen Zuordnungen.

Insofern erlebt der Verfasser die Beurteilung von Unterricht als offen.

Erster Schritt des Transfers von BWL-Wissen auf schulische Zusammenhänge ist die Frage, was das Produkt von Schule ist, denn alle Prozesse der schulischen Organisation sind darauf auszurichten,vergl. Lindemann, 2010, S. 49/51. Diese Masterarbeit ist unmittelbar auch eine Untersuchung dazu.

Generell ist ein klares Verständnis des Gutes „Bildung", hier am Beispiel Unterricht untersucht, von Vorteil. Ein klares Verständnis bedeutet die Fähigkeit, originäre Themen von Schule in Begriffen der BWL beschreiben zu können, oder auch die Beschreibung in BWL-Termini begründet abzulehnen und ggf. neue zu entwerfen. **<u>Es geht unmittelbar um Deutungshoheit und Einflussnahme durch die Prägung von zentralen Begriffen in einem aktuell umkämpften Bereich.</u>**

4. Ökonomisierung von Bildung

Wer sich wie der Verfasser auf das Risiko einlässt, Dienstleistung und Unterricht verknüpfen zu wollen, muss sich des möglichen Vorwurfs der unreflektierten Ökonomisierung von Bildung bewusst sein. Jenseits der Frage, wie man persönlich zur Ökonomisierung von Bildung steht, ist der Handel mit Bildungsdienstleistungen – hier als Oberbegriff verstanden – nicht aufzuhalten. Auch das Fernstudium „Schulmanagement" ist ein Teil davon.

Betrachtet man die GATT II – Vereinbarungen, die eine Liberalisierung der Dienstleistungsmärkte vorantreiben, Bieger, S. 24, so ist es nur eine Frage der Zeit, dass alle Bereiche des Bildungssektors davon erfasst werden. Wenn der Bildungssektor hier nicht eigene Antworten und Anpassungen findet, droht ihm in der Tat eine Degradierung zum bloßen Handelsobjekt bei gleichzeitigem Aufstieg zum Schlüsselsektor in jeder Volkswirtschaft.

Im Kern geht um den Tausch von Gütern gegen Geld. Insbesondere die monetäre Seite dieses Austausches ist in diesem Kontext heikel. Der Kern dieser monetären Frage lautet, wie und zu welchen Konditionen dieses Gut „Unterricht" entgolten werden soll und wer entsprechend seiner finanziellen Ressourcen in den Genuss dieses Gutes kommen soll/darf. Die Masterarbeit befasst sich jedoch mit dem monetären Teil dieses Austauschprozesses nicht.

Wichtiger ist die organisatorische bzw. ordnungspolitische Verfasstheit von Schule. Solange allen Beteiligten klar ist, dass Unterricht bzw. Bildung ein besonderes Produkt ist und man die entsprechenden Institutionen richtig führt, ist die Betrachtung von Unterricht als Produkt kein Problem. Dies verweist auf die Aufgabe von Politik, Bildung allen Nachfragern zu akzeptablen Bedingungen zur Verfügung zu stellen. Insofern stimmt der Verfasser der von Arnold/Faber, S. 18, statuierten „eingeschränkten Marktlichkeit von Bildung" ausdrücklich zu.

Die eigentliche gesellschaftliche Aufgabe ist dabei noch offen: Wie soll in Zukunft der gerechte Zugang aller zu gut gemanagter Bildung bei gleichzeitigem Wettbewerb der Anbieter organisiert werden?

Doch diese Frage wird durch die Forschungsfragen dieser Masterarbeit nach dem Produktcharakter von Unterricht nicht berührt.

5. Persönlicher Bezug

Der Verfasser verfügt neben seiner Lehrerausbildung auch über eine Ausbildung zum Kaufmann des Groß – und Außenhandels und über ein Juragrundstudium. Dies verleiht dem Verfasser die Fähigkeit, sich in unterschiedlichen Begriffssystemen zurechtzufinden und auch adäquat mit Begriffe umgehen zu können.

Im Aufgabenbereich des Verfassers an einer Schule des zweiten Bildungsweges, Gymnasium für Erwachsene, befinden sich Themen wie Bewerber, Kunden-Werbung, Zielgruppenanalysen, Bewerberauswahlverfahren und die Beobachtung des Wettbewerbs. In diesem Zusammenhang tauchte immer wieder die Frage auf, was das spezifische Produkt der eigenen Schule ist und welches die spezifischen Vorteile/ Leistungen sind, die wir unseren Schülern/Kunden anbieten.

Aus diesem Grunde vertiefe ich mit dieser Masterarbeit mein persönliches Interesse und lege gleichzeitig den Grundstein für die weitere Arbeit in diesem Bereich.

II. Der Dienstleistungsbegriff

Der Dienstleistungssektor nimmt in der volkswirtschaftlichen Bedeutung zu, Bieger, S. 37, Pepels, S. 16/17, Corsten, 1997, S. 2, Haller, S. 4, Meffert/Bruhn, S. 7 f. Dieser Bedeutungszuwachs ist Teil eines globalen Transformationsprozesses, Bieger, S. 39. Dies führt zu einem verstärkten Interesse an den Grundlagen der Dienstleistung, Maleri, 1997, Vorwort zur 4. Auflage. Eine verstärkte Auseinandersetzung über das Wesen bzw. die Definition der Dienstleistung erfolgte in der BWL erst seit den achtziger Jahren, Corsten, 2000, S. 185. (Diese Entwicklung ist der Entwicklung des systemisch-konstruktivistischen Unterrichtsparadigma nicht unähnlich.)

A. Grundfragen

Primäre Fragen in jeder Wirtschaftordnung sind die folgenden:

„Was soll produziert werden?
  Wie soll produziert werden?
  Für wen soll produziert werden?", Schierenbeck/Wöhle, S. 21.

Die nun folgenden Betrachtungen spezifizieren die Antwort auf die Frage: „Was soll produziert werden?". Im betriebswirtschaftlichen Sinne geht es somit um Produktion. Bei der Produktion handelt es sich um einen Kombinationsprozess, in dem aus Produktionsfaktoren Güter hergestellt werden, Schierenbeck/Wöhle, S. 262, Wöhe, S.281. Hierunter lässt sich Unterricht in Schule unproblematisch einordnen.

Dass Unterricht ein wirtschaftliches Gut ist, welches Nutzen stiftet, in dem es Bedürfnisse befriedigt, sei an dieser Stelle lediglich festgestellt, siehe Maleri, S. 92. Fraglich ist aus betriebswirtschaftlicher Sicht allerdings, welche Güter in Schule produziert werden.

Unterricht ist weder ein freies Gut, wie Luft, Wasser oder Sonnenlicht, etc. noch ein Nominalgut wie Geld, etc., im Sinne der Gütereinteilung bei Maleri, S. 56, Meffert/Bruhn, S. 27, Schierenbeck/Wöhle, S. 4. Somit bleibt zu klären, ob es sich bei Unterricht um ein materielles Gut, d.h. Sachleistung, oder immaterielles Gut, d.h. eine Dienstleistung handelt. Daher bietet diese Masterarbeit auch einen Beitrag zur Anwendung des DL-Begriffes im Anwendungskontext Unterricht/Schule an.

Auch wenn aus Sicht der BWL vieles dafür spricht, dass es sich bei Unterricht um eine Dienstleistung handelt, muss für eine konsequente Behandlung dieser Frage auf die Definition von Dienstleistung Bezug genommen werden, zumal die Abgrenzung zwischen Sachleistung und Dienstleistung nicht immer trennscharf möglich ist, Meffert/Bruhn, S. 4.

(Übersetzungsanmerkung: Im Weiteren müssen folgende Gleichsetzungen mitgedacht werden: Kunden = Schüler/Lerner, Dienstleister/Dienstleistungsanbieter = Lehrer/Schule)

B. Das Standardmodell der Dienstleistung

Die Versuche, die Dienstleistung begrifflich zu modellieren, lassen sich auf drei verschiedene Ansätze reduzieren, vergl. Haller, S. 5, Pepels, S. 5, Knoblich/Opperman, S. 14, Meffert/Bruhn, S. 16:

Der erste Ansatz (enumerative Definition) versucht Dienstleistung über eine Aufzählung zu definieren. Hierzu gehört beispielsweise die amtliche Statistik mit der 3-Sektoren-Theorie, siehe Maleri, S. 10, 17. Von der Willkürlichkeit und dem historischen Gewachsensein dieser Einteilung abgesehen ist dieser Ansatz nicht geeignet, der aktuell ablaufenden Veränderung und zukünftig zu erwartenden Entwicklung zu folgen.

Der zweite Ansatz ist eine Negativdefinition. Die Abgrenzung erfolgt relativ zu den Sachgütern: Alles, was nicht Sachgut ist, ist Dienstleistung. Angesichts des teilweise fließenden Übergangs zwischen Sachgut und Dienstleistung ist auch dieser Ansatz nicht brauchbar.

Der letztlich von der Fachwissenschaft beschrittene Weg verläuft über eine Definition der Dienstleistung mittels klar festgelegter Merkmale. Diese wissenschaftlichen Bemühungen mündeten aus Sicht des Verfassers in das momentan in Deutschland vorherrschende Standardmodell der Dienstleistung, welches von Hilke, S. 10 – 15, erstmalig vorgestellt wurde, vergl. Knoblich/Oppermann, S. 15 links unten.

Dieses Modell und die von Engelhardt et al., 1994, Knoblich/Oppermann, 1996, daraus entwickelten Typologien bzw. Klassifikationen werden in dieser Masterarbeit zugrunde gelegt.

Dienstleistung als Begriff setzt sich aus drei Phasen/Dimensionen zusammen, Hilke, S. 10, Bruhn/Meffert, S. 17, Knoblich/Opperman, S. 15, Corsten, 2000, S. 186:

a. Dienstleistung als Fähigkeit und Bereitschaft   = Potentialorientierung

b. Dienstleistung als sich vollziehender Prozess   = Prozessorientierung

c. Dienstleistung als Ergebnis einer beendeten Tätigkeit   = Ergebnisorientierung

Die folgende Graphik stellt den Zusammenhang dar.

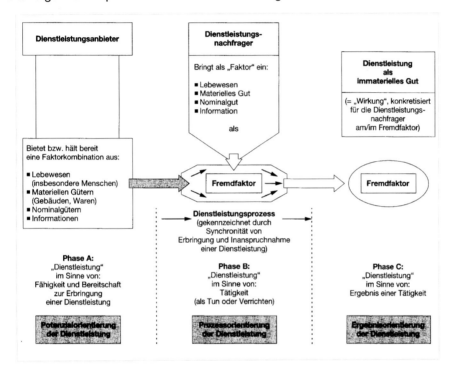

Abb. 1: Quelle: Hilke, S. 15, entnommen Meffert/Bruhn, S. 18

Die nun folgenden Ausführungen beziehen sich eng auf Hilke, aaO.

Potentialorientierung der Dienstleistung (Merkmal 1: Immaterialität des Potentials)

Das Dienstleistungspotential eines Anbieter setzt sich aus den Komponenten der Fähigkeit und der Bereitschaft zur Ausübung der dienstleistenden Tätigkeit zusammen, Hilke, S. 11. Fähigkeit bedeutet u.a. Fachwissen, körperliche Eignung, etc.. Bereitschaft meint den Willen, diese Tätigkeit u.a. auch zum gewünschten Zeitpunkt zu erbringen.

13

Das Dienstleistungspotential wird dadurch geschaffen, dass der Dienstleistungsanbieter interne Faktoren bereithält und arrangiert, Hilke, aaO, in Schule z.B.

- Gebäude, Strom, Wasser, etc.
- - Unterrichtsgegenstände: Kreide, Material, Experimentiergerät, Bücher, etc.
- - Lehrkräfte, etc.
- - Informationen, z.B. Lehrpläne etc.

Das dadurch geschaffene Dienstleistungspotential ist immatieriell, d.h. der Anbieter der Unterrichtsdienstleistung verfügt über kein fertiges materielles Produkt, d.h. vor allem auch keine Vorratsproduktion von fertiger Leistung, Hilke aaO. Das Angebot des Anbieters an den Kunden ist eben nur ein Potential bzw. Leistungsversprechen. Ähnlich Knoblich/Oppermann, S. 15.

Prozessorientierung der Dienstleistung (Merkmal 2: Integration des externen Faktors)

Mit der Inanspruchnahme der Dienstleistung durch den Kunden wird die Prozessphase der Dienstleistung ausgelöst. Merkmal dieser Phase ist das Hinzutreten des Kunden, so dass der Anbieter die Dienstleistung erbringen kann. Das Hinzutreten des Kunden und Erbringung der Dienstleistung sind synchron, Hilke, S. 12.

Genau genommen kann sich das Potential des Anbieters nur realisieren, wenn der Kunde als so genannter externer Faktor aktiv/passiv in noch zu bestimmender Weise an der Erbringung der Dienstleistung mitwirkt, Hilke aaO. Die Mitwirkung dieses „externen Faktors" ist die conditio-sine-qua-non der Dienstleistung, Hilke aaO.
"Externer Faktor" kann alles Mögliche sein: der Kunde selbst, ein ihm gehörende Objekt, bestimmte Informationen, die er liefert, etc. Im Dienstleistungsprozess fallen Erstellung, Übergabe und unter Umständen Verwertung der Dienstleistung zusammen, Hilke aaO, „uno-actu-Prinzíp" genannt.

Eine hier wichtige Folgerung lautet, dass die Integration bzw. die Integrationsbereitschaft dieses „externen Faktors" Kunde das Ergebnis und die Qualität der Dienstleistung wesentlich beeinflusst, Hilke, aaO.

Ergebnisorientierung der Dienstleistung (Merkmal 3: Immaterialität des Ergebnisses)

Der Dienstleistungsprozess schlägt sich in bestimmten Ergebnissen/Wirkungen nieder.

Diese können sein: Erholung, Bildung (noch zu pauschal, es sollte besser Kompetenzzuwachs heißen, Anm. des Verf.), Informationen, etc., Hilke, S. 13/4. Das Dienstleistungsergebnis ist stets immateriell, was wiederum ein konstitutives Merkmal der Dienstleistung darstellt, Hilke, aaO. Dies ist teilweise umstritten, Hilke, aaO.

Aufgrund dieser Einteilung lässt sich Dienstleistung wie folgt auf den Begriff bringen:

"Dienstleistungen sind selbständige, marktfähige Leistungen, die mit der Bereitstellung .. und/oder dem Einsatz von Leistungsfähigkeiten verbunden sind (Potentialorientierung). Interne …und externe Faktoren (also solche, die nicht im Einflussbereich des Dienstleisters liegen) werden im Rahmen des Erstellungsprozesses kombiniert (Prozessorientierung). Die Faktorenkombination des Dienstleistungsanbieters wird mit dem Ziel eingesetzt, an den externen Faktoren, an Menschen (z.B. Kunden) und deren Objekten….nutzenstiftende Wirkungen … zu erzielen (Ergebnisorientierung)." Meffert/Bruhn, S. 19 oben.

<u>Vorgreifende Bemerkung und Querverweis</u>
Paraphrasiert man (zugegebenermaßen vereinfachend) die Trias Potentialorientierung, Prozessorientierung und Ergebnisorientierung, dann erhält man: Input – Prozess- Output. Diese Begriffe finden sich in einem etwas anderen Rahmen in den Schulmanagementskripten wieder: Bonsen/Büchter, S. 28/29, von Ackeren, S. 27-31. Zwar beziehen sich die Begriffe Input – Prozess- Output auf den weiteren Rahmen der gesamten Schule, der Verfasser wertet dies jedoch als erstes Anzeichen dafür, dass Unterricht und Dienstleistung zumindest in bestimmten Bereichen miteinander vereinbar sind.

C. Typologisierungen

Die Einordnung eines Produktes als Dienstleistung oder Sachleistung kann auf eine Dichotomie hinauslaufen: Entweder Dienstleistung oder Sachleistung. Tatsächlich sind Dienst – und Sachleistung in der Praxis oft zu einem Produkt verknüpft, d.h. es findet sich ein Mix aus Dienst – und Sachleistung, vergl. Engelhardt et al., S. 46. Die strenge Unterscheidung dieser beiden Kategorien wird daher nicht mehr als sinnvoll empfunden, Hilke, S. 7, Haller, S. 6, Pepels, S. 6, Engelhardt et al., S. 51 unten. Vielmehr werden Produkte auf einer kontinuierlichen Skala mit den Extremen Sachleistung und Dienstleistung eingeordnet, so dass graduelle Übergänge sichtbar und möglich werden. Die folgende Abbildung zeigt dieses als Beispiel:

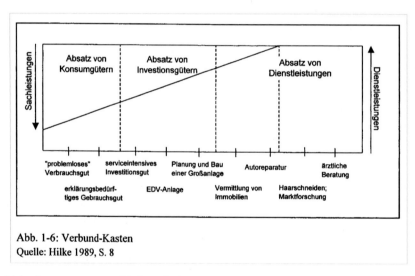

Abb. 1-6: Verbund-Kasten
Quelle: Hilke 1989, S. 8

Abb. 2: entnommen Haller, S. 6

Der Gedanke, mittels der Einordnung von Produkten auf kontinuierlichen Merkmalskalen Ordnung im heterogenen Feld der Dienstleistungen zu schaffen, wurde zu komplexeren Typologien weiterentwickelt, vergl. Meffert/Bruhn, S. 19, Engelhardt et al., S. 40/41, Knoblich/Oppermann, aaO. Das hier verwendetet Modell löst sich vom Denken im „entweder – oder" - Schema.

Die Zentrale Idee lautet, alle möglichen Produkte in einem Merkmals<u>raum</u> einzuordnen, der sich aus drei unabhängigen Achsen gemäß den drei Merkmalen der Dienstleistungsdefinition (von Hilke) jeweils im Sinne eines <u>Kontinuums</u> aufspannt, Knoblich/ Oppermann, S. 16 links, vergl. Engelhardt et al., S 41/53 oben, auch wenn in der Graphik die Extreme angetragen sind.

Die Achsen des entsprechenden Raumes, siehe Abb. 3. , lauten:

Potentialorientierung: Merkmal 1: Immaterialität des Potentials (Querachse)

Prozessorientierung: Merkmal 2: Integration des externen Faktors (Hochachse)

Ergebnisorientierung: Merkmal 3: Immaterialität des Ergebnisses (Tiefenachse)

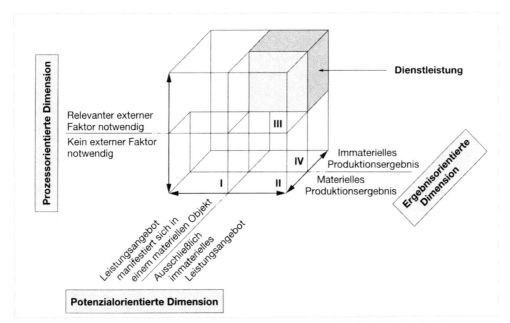

Abb. 3: Quelle: Knoblich/Oppermann, S. 18, entnommen Meffert/Bruhn S. 20

Die folgenden Ausführungen lehnen sich eng an Knoblich/Opperman, S. 17-19 an.

(Einige sinnlose Kombinationen lassen sich von vornherein ausschließen, Knoblich /Oppermann, S. 17/18, Engelhardt et al., S. 40/1)

Typ I besteht aus einem materiellen Angebot, für den Herstellungsprozess ist die Mitwirkung des Kunden (Integration des externen Faktors) nicht erforderlich, das Prozessergebnis ist ein materielles Ergebnis. Dies ist eine **Sachleistung**. Vergl. Knoblich/Oppermann, S. 18 rechts oben.

Typ II besteht aus einem immateriellen Angebot, der Herstellungsprozess läuft ohne Beteiligung des Kunden ab, das Prozessergebnis ist materiell. Hierzu gehören z.B. auf Bestellung vorgegebene gefertigte Produkte, für die beim Angebot lediglich eine Beschreibung vorhanden ist, Hochzeitstorten, etc. Dies sind **Quasi-Sachleistungen**. Vergl. Knoblich/Oppermann, S. 19 links oben.

Typ III besteht aus einem immateriellen Angebot, der Herstellungsprozess erfordert die Mitwirkung des Kunden als externen Faktors und das Prozessergebnis ist ein materielles. Hierzu gehören alle Leistungen, die nach individuellen Anforderungen der Kunden produziert werden und die ein materielles Produkt ergeben, z.B. spezielle Fabrikanlagen, individuelle Hochzeitstorten, Sondermaschinen, etc. Dies sind **Auftragsleistungen**. Vergl. Knoblich/Oppermann, S. 19 links Mitte.

Typ IV besteht aus einem immateriellen Angebot, der Herstellungsprozess erfordert keine Mitwirkung des Kunden, das Prozessergebnis ist immateriell. Hierzu gehören die Leistungen von Nachrichtenagenturen, Datenbankdienste, etc. Dieses sind **Quasi-Dienstleistungen**, Vergl. Knoblich/Oppermann, aaO.

Typ V (in der Graphik dunkel unterlegt) sind dann die (reinen) **Dienstleistungen**.

(Die Typen entsprechen - nach Umnummerierung - den Typen von Engelhardt et al., S. 53).

Mit dieser Aufgliederung wird eine Dichotomie von Sachleistung und Dienstleistung vermieden, ebenso sind Unschärfen in der Basismodellierung damit kompensierbar, Knoblich/Oppermann, S. 19 rechts; ähnlich Engelhardt et al., S. 51/52, 53 oben. Dienstleistung sind damit nicht nur gegenüber Sachleistungen sondern auch gegenüber anderen (hybriden) Varianten abgrenzbar, Knoblich/Oppermann, S. 19 rechts Mitte.

Eine Bemerkung zur Prozessdimension bzw. zur Integration der Kunden
Integration des Kunden bedeutet Teilnahme am Dienstleistungsprozess. Man kann die Integration des externen Faktors, des Kunden, in zweierlei Hinsicht differenzieren, Engelhardt et al., S. 48 – 51:

Einerseits kann man die Eingriffstiefe feststellen, d.h. wo - in welche betrieblichen Teilprozesse - ist der Kunden involviert: Nur in der Produktion oder auch Forschung/ Entwicklung oder gar Beschaffung. Vergl. Engelhardt et al., S. 49 oben. Anderseits kann man die Eingriffsintensität feststellen, d.h. wie – mit welcher Intensität - wird der Kunde in den Dienstleistungsprozess involviert, vergl. Engelhardt et al., S. 50 Mitte. Dieser Gedanke wird später noch relevant werden.

III. Die Ermöglichungsdidaktik

A. Begründung und Abgrenzungen

Angesichts der Vielzahl der in Deutschland gelehrten und gelebten Didaktiken hat sich der Verfasser für die Auswahl der systemtisch–konstruktivistischen Didaktikgruppe mit dem Beispiel der Ermöglichungsdidaktik entschieden. Stärkstes Argument hierfür ist die Tatsache, dass sehr viele Wissenschaften: Gehirnforschung, Biologie, therapeutische Ansätze, Physik, etc., in eine systemisch - konstruktivistische Betrachtung einmünden, vergl. Siebert, 2008, S.39-64, Schüßler, 2008, S. 42, Reich, S. 18/19. Der Entwicklungsstand und die Breite dieser Strömung haben eine Abrundung und Geschlossenheit erreicht, die als Paradigma bezeichnet werden kann, Simon, S. 12, Siebert, 2010, S. 37, und den Verfasser überzeugen.

Die Ermöglichungsdidaktik ist, wie andere wissenschaftlichen Modelle auch, nicht das Werk eines Einzelnen, sondern einer Gruppe von mehreren deutschen Pädagogen, vergl. Schüßler, 2010, S. 77/78, bzw. Lindemann, 2006, S. 199. Aus Sicht des Verfassers sind die wichtigsten davon: Rolf Arnold, Horst Siebert, Kersten Reich, Reinhard Voß.

Die Ermöglichungsdidaktik ordnet sich der systemisch-konstruktivistischen Didaktik zu. Da sich die Teilkonzepte der systemische - konstruktivistischen Didaktik nicht klar voneinander abgrenzen lassen, Schüßler 2010, S. 78 oben, ist auch die in der Einleitung genannte Einschränkungen auf die Erwachsenenbildung eben formal - materiell gelten alle Aussagen auch für die anderen Bildungsbereiche.

Im Kontext dieser Masterarbeit muss die Frage, ob es sich bei der ED schon um ein allgemeindidaktisches Modell handelt, Schüßler, 2010, S. 76, 78 vorl. Absatz, nicht beantwortet werden, da es hier vor allem um die paradigmatische Struktur dieser Didaktik geht, und diese ist hinreichend ausgearbeitet, Schüßler, 2010, S. 87.

Fragen zum pragmatischen Moment der ED werden allerdings im weiteren Verlauf relevant werden, d.h. es sind möglicherweise Ergänzungen vorzunehmen bzw. eigene Modellierungen anzubieten, d.h. um von einer Sichtung der Literatur ausgehend induktiv zu einer verallgemeinerten Sicht von Unterricht vordringen zu können. Da es hier vornehmlich um die Untersuchung der ED geht, fallen Bemerkungen zum Übergang von der Erzeugungs – zur Ermöglichungsdidaktik entsprechend knapp aus.

Um auf sicherem Grund zu starten und als Rückgriffmöglichkeit bei Zweifelsfragen, erfolgt die Betrachtung der

B. Systemisch-konstruktivistische Grundlagen

1. System, Selbstorganisation und Autopoeisis

Ein System ist eine Differenz: die Unterscheidung von System und Umwelt, Luhmann, S. 75, 79. Die Unterscheidung von System und Umwelt wird vom System selbst hergestellt wird, denn das System zieht mit seinen eigenen Operationen Grenzen, Luhmann, S. 92. Würden die Operationen nicht innerhalb des System ablaufen, so wäre die Unterscheidung zwischen System und Umwelt hinfällig, aaO, S. 93, daher muss das System operational geschlossen sein, d.h. die Operationen enden an der Systemgrenze. Damit ist aber auch gegeben, dass das System nicht mittels der eigenen Operationen mit der Umwelt in Verbindung treten kann, aaO.

Aus der Abgeschlossenheit folgt, dass das System für jede Entwicklung nur die eigenen Operationen zur Verfügung hat, da es keine Operationen von außen importieren kann, Luhmann, S. 101. Dies bedeutet einerseits, dass das System seine eigenen Strukturen nur durch die eigenen Operationen schaffen kann und dies bedeutet Selbstorganisation, und andererseits, dass das System auf nichts anderem als seinen eigenen Operationen aufbauen kann, Luhmann, aaO. Selbstorganisation ist daher der Aufbau eigener Strukturen durch eigene Operationen (mittels fremder oder eigener Elemente). Autopoiesis ist die Selbstorganisation aus eigenen Elementen, Simon, S. 32.

Autopoietische Systeme sind daher Systeme, die sich selbst erschaffen, Simon S. 34. Zur Erhaltung schließen systeminterne Operationen an systeminterne Operationen an, Simon, aaO. *Fundament, Mauersteine und Handwerker sind die eigenen Operationen.* „Autopoietische Systeme verhalten sich immer und ausschließlich aufgrund ihrer aktuellen internen Strukturen und Prozesse", Simon S. 53. Dies ist Autonomie.

Zu dieser Art von Systemen gehören auch die psychischen/kognitiven Systeme, Simon S. 51 bzw. 47

2. Strukturelle Kopplung

Die spannende Frage lautet, wie solche operational abgeschlossenen Systeme überhaupt mit ihrer Umwelt in Kontakt treten können. Diese Frage ist angesichts des Lehr-Lern-Prozesses besonders heikel, denn hier liegt das „Nadelöhr" vor, Luhmann bei Arnold/Pätzold, S. 17.

Von der strukturellen Kopplung lässt sich einiges in negativer und weniges in positiver Hinsicht sagen. Strukturelle Kopplung ist mit der Autopoeisis kompatibel, d.h. beide interferieren nicht miteinander, Luhmann, S. 120. Das System kann von der Umwelt kausal beeinflusst werden, Luhmann S. 121. Allerdings wird das System durch die strukturelle Kopplung nicht determiniert, Luhmann, S. 124, Maturana, S. 85, Simon, S. 52. Sie versorgt es nur mit Störungen, Perturbationen oder Irritationen, Luhmann, aaO. Störungen setzen Informationsverarbeitung im System in Gang, welche das System operativ handhaben kann. Luhmann, S. 127.

Die strukturelle Kopplung kann zwischen System und Umwelt, zwei Systemen, oder einer Mehrzahl von Systemen auftreten. Die Irritation ist stets wechselseitig. Die klassische Trennung vom erkennenden Beobachter und untersuchten Objekt ist damit nicht mehr aufrechtzuerhalten, stattdessen liegt eine Wechselbeziehung vor, Simon, S. 41, d.h. beide sind verschränkt.

Bemerkung:

Es sei an dieser Stelle festgestellt, dass sich das Sender – Empfänger – Modell als Modell des Austausches von Informationen zwischen System und Umwelt erledigt hat. Auch die geradlinige Steuerung eines Systems im Sinne von Außen hat sich damit erübrigt, Simon S. 54. Allerdings können die Irritationen einen Umfang einnehmen, der das System zerstört, d.h. die Autopoiesis kommt zum Stillstand, Simon aaO. Es kann aber auch sein, dass sich Systeme so verhalten, als würden sie gesteuert, um nicht zerstört zu werden, Simon, aaO. (z.B. im Sinne vom defensiven Lernen).

Die hieran anschließende Frage ist, wie das System die äußeren Einflüsse verarbeitet, d.h. was wird aus den Irritationen? Die Systemtheorie tritt ab - der Konstruktivismus betritt die Bühne.

3. Der Beobachter und die objektive Erkenntnis

Die lange vorherrschende philosophische Tradition, dass zwischen der Vorstellung der Welt als Erkenntnis der Welt im Kopf des Menschen und der realen Welt draußen so etwas wie ikonische Relation oder Isomorphie, d.h. Übereinstimmung, herrscht, ist damit nicht mehr gültig, Glasersfeld, S. 19/20, S. 23 oben.

Stattdessen werden die Signale der Sinnesorgane, die sich aus der strukturelle Kopplung ergeben, interpretiert, d.h. mit einer Bedeutung belegt, Glasersfeld, S. 21. Die „….Sinnesorgane nehmen Unterschiede wahr, nicht aber „Dinge"…", aaO, ähnlich von Foerster, S. 58, Simon, S. 44. Wahrnehmung und Erkenntnis sind damit konstruierende und nicht abbildende Tätigkeiten, Glasersfeld, S. 30, d.h. das kognitive System errechnet aus den Informationen der Sinnesorgane die Umwelt, Simon, S. 45 unten. Und diese Konstrukte werden, da es sich um ein autopoietisches System handelt, aus den Operationen oder Bausteinen aufgebaut, aus denen das System besteht und dies orientiert sich jeweils am aktuellen Zustand des Systems.

Objektive Erkenntnis ist damit unmöglich, Glasersfeld, S. 31. Erkenntnis ist somit nur noch subjektiv konstruiert vorstellbar und es gibt unendlichen viele Möglichkeiten, die Welt zu sehen / zu modellieren.

Beobachten ist eine Operation des jeweiligen Systems, Luhmann, S. 142/143/147. Die Spezifik dieser Operation ist Unterscheidung und Bezeichnung, Luhmann S. 147, Simon, S. 59-65, wobei diese Unterscheidungen und Bezeichnungen wiederum Konstrukte des jeweiligen Systems und somit einzigartig sind. Der Beobachter ist ein System, welches durch fortlaufenden Beobachtungen entsteht, Luhmann, aaO. Ist der Beobachter Teil des Systems, welches er beobachtet, so ist dies Selbstbeobachtung, andernfalls Fremdbeobachtung, Luhmann, S. 151.

Für das Folgende ist der Einschluss/Ausschluss des Beobachters entscheidend. Die Beobachtung eines Gegenstandes ist eine „Beobachtung 1. Ordnung", die Beobachtung dieser Beobachtung des Gegenstandes eine „Beobachtung 2. Ordnung", Simon, S. 42/3, Luhmann, S. 156. Kurz: „Ein beobachtender Organismus ist selbst Teil, Teilhaber und Teilnehmer seiner Beobachtungswelt", von Foerster, S. 43. Die Beobachtung eines Beobachters geschieht im Hinblick darauf, was er (1.Beobachter) sehen und was er (1.Beobachter) nicht sehen kann, Luhmann, S. 156, bzw. mit welchen Mustern er (1.Beobachter) arbeitet.

Im gesamten Aufbau hat der „Beobachter 2. Ordnung" eine Schlüsselfunktion, denn mit dieser Instanz kann man die „Beobachtung 1. Ordnung" verändern – genauer die Unterscheidung und Bezeichnungen - und damit andere Sichtweisen einnehmen. Dies ermöglicht Veränderungsfähigkeit.

4. Viabilität

Die Wahrnehmung und Modellierung der Wirklichkeit, die ein System vornimmt, müssen nicht mehr die Umwelt in irgendeiner Weise abbilden, sondern nur noch brauchbar zum Handeln sein, von Glasersfeld, S. 22. Dies ist Viabilität, d.h. die Fähigkeit in der Umgebung zu überleben und sich fortzupflanzen, von Glasersfeld, S. 25.

Diese Überlebensfähigkeit bezieht sich nur auf die jeweils vorliegende Umwelt. Wie genau das System dies erreicht, darüber gibt der Begriff der Viabilität keine Auskunft, d.h. jede Handlung, die Überleben ermöglicht, ist viabel, von Glasersfeld, aaO.

Demzufolge gibt es unendlich viele gültige Weltbilder. Über den Begriff der Viabiltät werden also nicht passende Weltbilder aussortiert, d.h. sie sind in diesem Sinne unwahr, Simon, aaO. Aufgegeben wird damit nur der Wahrheitsanspruch, Simon, S. 71.

C. Lernen

Die Frage, was Lernen ist, hat für die weitere Entfaltung der ED zentrale Bedeutung, daher muss das entsprechende Grundverständnis hier nochmals umrissen werden. Da die Zahl der Definitionen von Lernen nicht überschaubar ist, Siebert, 2008, S. 130, bleibt es bei einem Überblick über die wichtigsten Aspekte. Mit diesem Lernverständnis geht implizit auch die Akzeptanz eines bestimmten Menschenbildes einher. Mit dem Respekt vor der Einzigartigkeit eines selbstlernenden Individuums (Systems) ist ein Menschenbild angesprochen, welches je nach Tradition humanistisch oder im Sinne des Art I Grundgesetz die Würde des Menschen und die Freiheit seiner Entfaltung anerkennt, vergl. Voß, S. 54. Diese Implikation macht einen wesentlichen Teil der Qualität der ED bzw. systemisch-konstruktivistischer Didaktik aus, und muss im weiteren Gang beachtet werden.

System im Sinne der obigen Ausführungen zu den systemisch-konstruktivistischen Grundlagen ist das bewusste Individuum. Dieses bildet Dreh – und Ausgangspunkt aller Betrachtung zum Lernen und Lehren. (Vergl. Arnold/Gomez, S. 85)

Nimmt man die Ausführung zu den Grundlagen ernst, so kann keine fertige Information von außen die Systemgrenze des Individuums passieren. Dieser Prozess des Lernens kann grundsätzlich nicht von außen gesteuert werden, Arnold/Gomez, S. 75 oben. (Über die Entkopplung von Lehren und Lernen ist insofern nichts mehr zu sagen). Damit ist auch gegeben, dass Lernen eine Aktivität des Individuums ist, bei der ein eigener selbstgesteuerter Prozess abläuft, in dem neue Informationen an bestehendes Wissen anschließen, Arnold/Gomez, S. 61. Lernen ist in dieser Sichtweise immer selbst gesteuert, Anold/Gomez, S. 86, Siebert, 2009, S. 42.

Lernen ist damit auch durch die Erfahrungen und Wahrnehmungsmuster bedingt, Arnold/Gomez, S. 61 unten. Diese bedeutet im Lichte der Grundlagen, dass der momentane Zustand das aktuelle Verhalten determiniert. Und der momentane Zustand ist das Resultat einer Biographie. Diese Erfahrungen und Wahrnehmungsmuster variieren von Individuum zu Individuum, so z.B. auch nach Geschlecht, Alter, sozialer Herkunft, etc.

Dazu gehören auch die beim Lernen auftretenden Emotionen, die die Aufgabe haben, Sinneseindrücke möglichst instantan zu bewerten und das Verhalten zu steuern, Scheunpflug bei Arnold/Gomez, S. 80. Das lernende Subjekt ist somit strukturdeterminiert, selbstreferentiell und nicht – trivial, Arnold/Gomez, S. 86/87. Lernen ist somit individuell und letztlich nicht berechenbar, vergl. Siebert, 2010, S. 44, Arnold/Gomez, S. 85. Jedes Individuum ist damit aber auch für sein Lernen und Nichtlernen selbst verantwortlich, Siebert, aaO, S. 45, Kemper/Klein, S. 55.

Ob eine Information relevant ist und entsprechende Veränderungen am mentalen Modell auslöst, hängt davon ab, ob diese Information eine Irritation/Pertubation herstellen kann, d.h. sich nicht in die bestehenden Modelle einordnen lässt, vergl. Arnold/Gomez, S. 77 Mitte. Der springende Punkt besteht darin, dass nur neue Informationen Lernen auslöst, d.h. nur der erfolgreiche Einbau neuer Wahrnehmungen /Erfahrungen, die zur den bisherigen Strukturen uU. im Widerspruch stehen, ist Lernen, vergl. Arnold /Gomez, 75.

Selbstorganisation/Selbststeuerung

Hinsichtlich der Freiheitsgrade lassen sich auf einer angewandten Ebene - schon auf die Außenwelt orientiert - unterscheiden:

Selbststeuerung	Freiheitsgrad	Fremdsteuerung
Lernerzentrierung	Personale Ausrichtung	Lehrerzentrierung
Multiple	Aktivitätsgrad	Einseitig
Freie Lernzeit	Zeit	Gebundene Lernzeit
Variabler Lernort	Raum	Fester Lernort
selbstgesetzt	Ziel	vorgegeben
selbstgesetzt	Inhalt	vorgegeben
intern	Bewertung	extern

Abb.4: Orientiert an Siebert, 2009, S. 27

Unter anderem sind diese Freiheitsgrade beim selbstgesteuerten Lernen zu bewältigen. Es geht nicht um ein „entweder – oder", d.h. die Realität wird sich als Ort auf einem Kontinuum zwischen Selbst – und Fremdsteuerung wiederfinden, vergl. Arnold/Gomez, S. 125, Kemper/Klein, S. 55 unten, 57. Im Idealfall bleibt es dem Individuum überlassen, zu welchen Aspekten es unabhängig und wo es mit fremder Hilfe arbeiten möchte, Arnold/Gomez, S. 125. Analogien zur kontinuierlichen Skala im DL-Bereich sind hier erkennbar.

Betreffen diese Freiheitsgrade auf der internen Ebene Aspekte der Lernorganisation/-koordination und Lernzielbestimmung, i.S. von Arnold/Gomez, S. 78, so werden auch Probleme der Informationsverarbeitung im engeren Sinne, wie sie beim Aufbau der Kompetenzen auftreten, relevant. Sie betreffen die

Konstruktion der Wirklichkeit

Lernen kann als eine Transformation von mentalen Modellen oder Deutungsmustern von Subjekten angesehen werden, Arnold, 2010, S. 41. „Das Subjekt ist Beobachter und Konstrukteur seiner Welt.", Arnold, 2010, S. 58, ähnlich Arnold/Gomez, S. 74. Dieser „Bauvorgang" der Wirklichkeit lässt sich unter drei Aspekten betrachten, siehe Arnold/Gomez, S. 76, Reich, S. 119-121:

a. Erfindung der Wirklichkeit (Konstruktion)

Das lernende Subjekt erfindet/baut/konstruiert eine Wirklichkeit aus den Bausteinen, die es intern zur Verfügung hat. Dieses Bild der Wirklichkeit ist einzigartig. Um im Bild der Grundlagen zu bleiben: Das lernende Subjekt baut auf Anregung der Umwelt mit eigenen *Mauersteinen* nach eigenen *Entwürfen* ein *mentales Modell/Gebäude*.

b. Entdeckung der Wirklichkeit (Rekonstruktion)

Auch wenn die Wirklichkeit konstruiert wird, wird doch nicht alles neu erfunden, Reich, S. 119 unten. Dies ist ein Verweis darauf, dass trotz Eigenleistung vieles lediglich nachvollzogen wird. Aus Sicht des Verfassers werden hier implizit die Konstrukte des lernenden Subjektes bewertet: *„Schon bekannt – noch nicht bekannt"*, und dies ist eigentlich ein Ausstieg aus der internen Systembetrachtung.

c. Reflexion der Wirklichkeit (Dekonstruktion)

Dekonstruktion bedeutet die Möglichkeit, vorhandene Konstrukte abzuwandeln und andere Sichtweisen einzunehmen, um die Unzulänglichkeit der vorhandenen Konstrukte zu beheben. Aus Sicht des Verfassers betrifft dies die Möglichkeit, - um im Bild zu bleiben - das vorhandene *Gebäude* kritisch zu betrachten, zu *renovieren*, *Etagen abzutragen* und ggf. das gesamte *Gebäude abzureißen*, oder auch nur gedanklich *ein neues Gebäude an Stelle des alten* zu setzen.

Aus Sicht des Verfassers sind vor allem die Teilpunkte a. und c. die Kernpunkte der Informationsverarbeitung des lernenden Subjekts. Punkte b liegt eher im Bereich der Viabilität.

Was ist das „Ergebnis" des Lernens?

Nach allgemein herrschender Terminologie sind Kompetenzen das Ergebnis des Lernens. Hervorzuheben ist an dieser Stelle, dass der Kompetenzbegriff notwendig zum Konzept des selbstorganisierten Lernens passt. Kompetenzen zeigen sich im Handel im Außen, Arnold/Gomez, S. 21 unten, 23. Es gibt verschiedene Vorstellungen darüber, wie die Kompetenzen einzuteilen sind. Die hier verwendete Einteilung mit vier Untergruppen ist eine von mehreren gängigen. Als ein Beispiel sei hier die Definition und die Einteilung von Erpenbeck/Heyse, S. 159 angeführt:

Kompetenzen sind Selbstorganisationsdispositionen des Individuums	
Was wird vom Individuum **selbstorganisiert**? In der Regel **Handlungen**, deren Ergebnisse aufgrund der Komplexität des Individuums, der Situation und des Verlaufs (System, Systemumgebung, Systemdynamik) nicht oder nicht vollständig voraussagbar sind	
Welche Handlungen dieser Art werden **selbstorganisiert**? Es sind dies*:	
reflexive Handlungen	z.B. Selbsteinschätzungen, Selbstveränderungen, neue Selbstkonzeptbildungen
aktivitätsbetonte Handlungen	z.B. Handlungen mit starken Willensabsichten und hohe Umsetzungsabsichten
geistig-instrumentelle Handlungen	z.B. Problemlösungsprozesse, kreative Denkprozesse, Wertungsprozesse; manuelle Verrichtungen, Arbeitstätigkeiten, Produktionsaufgaben
kommunikative Handlungen	z.B. Gespräche, Verkaufstätigkeiten, Selbstdarstellungen
Die unterschiedlichen **Dispositionen** (Anlagen, Fähigkeiten, Bereitschaften), eben diese Handlungen **selbstorganisiert** auszuführen, bilden unterschiedliche **Kompetenzen**. Man kann folglich unterscheiden:	
(P) Personale Kompetenzen	als die Dispositionen einer Person, reflexiv selbstorganisiert zu handeln, d.h. sich selbst einzuschätzen, produktive Einstellungen, Werthaltungen, Motive und Selbstbilder zu entwickeln, eigene Begabungen, Motivationen, Leistungsvorsätze zu entfalten und sich im Rahmen der Arbeit und außerhalb kreativ zu entwickeln und zu lernen.
(A) Aktivitäts- und umsetzungs-bezogene Kompetenzen	als die Dispositionen einer Person, aktiv und gesamtheitlich selbstorganisiert zu handeln und dieses Handeln auf die Umsetzung von Absichten, Vorhaben und Plänen zu richten – entweder für sich selbst oder auch für andere und mit anderen, im Team, im Unternehmen, in der Organisation. Diese Dispositionen erfassen damit das Vermögen, die eigenen Emotionen, Motivationen, Fähigkeiten und Erfahrungen und alle anderen Kompetenzen – personale, fachlich-methodische und sozial-kommunikative – in die eigenen Willensantriebe zu integrieren und Handlungen erfolgreich zu realisieren.
(F) Fachlich-methodische Kompetenzen	als die Dispositionen einer Person, bei der Lösung von sachlich-gegenständlichen Problemen geistig und physisch selbstorganisiert zu handeln, d.h. mit fachlichen und instrumentellen Kenntnissen, Fertigkeiten und Fähigkeiten kreativ Probleme zu lösen, Wissen sinnorientiert einzuordnen und zu bewerten; das schließt Dispositionen ein, Tätigkeiten, Aufgaben und Lösungen methodisch selbstorganisiert zu gestalten, sowie die Methoden selbst kreativ weiterzuentwickeln.
(S) Sozial-kommunikative Kompetenzen	als die Dispositionen einer Person, kommunikativ und kooperativ selbstorganisiert zu handeln, d.h. sich mit anderen kreativ auseinander- und zusammenzusetzen, sich gruppen- und beziehungsorientiert zu verhalten und neue Pläne, Aufgaben und Ziele zu entwickeln.

Abb. 5: Erpenbeck/Heise, aaO

Bezogen auf Erpenbeck/Heyse, aaO, sind Kompetenzen Selbstorganisationsdispositionen, d.h. der Kompetenzbegriff passt insofern zur Selbstorganisation. Eine ähnliche aber abweichende Einteilung findet sich bei Arnold/Gomez, S. 56f. Aus Sicht des Verfassers sind die personalen Kompetenzen, siehe Abb. 5, die u.a. den selbstreflexiven Anteil des Lerners abbilden, zentral, da hier der Beobachter 2. Ordnung einzuordnen ist.

D. Induktive Schlüsse

Was bleibt von der Lehre im klassischen Sinne übrig? Sicher ist: Die Lehrenden werden nicht ihrer Verantwortung enthoben, Arnold/Gomez, S. 104. Allerdings werden die Rolle und die Aufgaben von Lehrenden und Lernenden werden neu definiert, Arnold/Gomez, S. 101, bzw. dekonstruiert und neu konstruiert, Voß, S. 45. Zentrale

Konsequenz im Sinne der ED ist es, die Aktivität und Entscheidungsbefugnis im Lernprozess dahin zu verlagern, wo sie hingehört: zur lernenden Person, Arnold Gomez, S. 95, Pätzold, S. 52 Mitte, bzw. „… mögliche Arrangements und Interventionsformen vom Lernenden her zu konzipieren.", Arnold/Gomez, S. 117 unten.

Die angewandten Teile der ED sind noch wenig elaboriert. Dies hat zwei Gründe: Zum einen ist es während des laufenden Paradigmenwechsel, der die grundsätzliche Ebene erfasst, nicht zu erwarten, dass die nachgelagerten Anwendungsbestandteile, die ja auch erst erforscht und entfaltet werden müssen, schon vorliegen. Zum anderen wird die ED als Leitdifferenz zur Erzeugungsdidaktik verstanden, die als Bewertungshintergrund für entsprechende Entscheidung dient, Schüßler, 2010, S. 89, vergl. Voß, S. 53 unten.

Zu weiteren Bearbeitung muss die Rolle und Aufgabe des Lehrers im Unterricht präzisiert werden, insofern ist dies auch ein Beitrag zur Dekonstruktion der klassischen Lehre bzw. der klassischen Sicht auf Unterricht und eine konstruktive Setzung des Verfassers. Die getroffenen Anordnungsentscheidungen sind gleichzeitig die Weichenstellungen für die weitere Untersuchung in dieser Arbeit. Die Überlegungen zur DL-Definition fließen bereits hier ein.

Es geht um die Beantwortung der Frage: „Wie lassen sich Schüler/innen beeinflussen, wenn die Didaktik ihrer Fixierung auf lineare Instruktionen abschwört?", Voß, S. 46- Evident ist, dass es sich um den Wandel von direkten zu indirekten Methoden der Steuerung von Lehr- Lern – Prozessen handelt, vergl. Voß, S. 46 unten.

Die Aussagen in der untersuchten Literatur, was denn nun die neuen Aufgabe des Lehrers / der Lehre sei, sind sehr facettenreich und noch nicht begrifflich präzise:
Lernarrangements schaffen, Arnold/Schüßler, S.2, Ressourceperson, Lernberater, Lernbegleiter, Arnold, 2010 b, S. 26, Lernsituationen gestalten, Siebert, 2010, Lernarrrangeur, Coach, Facilitator, Schüßler, 2010, S. 81, Lernsituationen vorbereiten, Arnold/Gomez, S. 77, vergl. Arnold/Gomez, S. 177, Kontextsteuerung, Lernbegleitung, Voß, S. 46., Lernlandschaften, Voß, S. 58.

Hier hilft ein Rückgriff auf die Grundlagen. Ein Lehrer bildet für ein lernendes System immer und nur einen Teil der Umwelt. Will der Lehrer Einfluss nehmen, so kann es sich im Lichte der Grundlagen nur um eine strukturelle Kopplung handeln. Insofern ist die strukturelle Kopplung <u>die conditio sine qua non</u> für jede Art von Einflussnahme auf ein lernendes System. Es ergeben sich theoretisch und praktisch zwei verschiedene Möglichkeiten mittels struktureller Kopplung Einfluss auf ein lernendes System zu nehmen:

a. Der Lehrer gestaltet die Umwelt - die Lehrer selbst im Idealfall vorerst ausge-klammert -, mit der das lernende System konstruktiv gekoppelt ist (im Folgenden „Lernumgebungen gestalten" genannt).
b. Der Lehrer tritt direkt und exklusiv gegenüber der übrigen Umwelt in eine strukturelle Kopplung mit dem Lerner ein (im Folgenden „Lernberatung" genannt).

[Diese Einteilung entspricht auch der Einteilung von Forneck, S. 23 oben, allerdings eher formal denn inhaltlich.]

Die Trennung in diese beiden Komponenten ist möglich. In der Praxis werden sich die Komponenten abwechseln oder vermischen. Die Einflussnahme schließt mit Rück-meldungen im Sinne von Viabilität ab.

In diesem Sinne konstruiert sich Unterricht im Sinne der ED aus Sicht des Verfassers aus vier Komponenten/Merkmalen, aus denen sich die weitere Untersuchung ergibt.

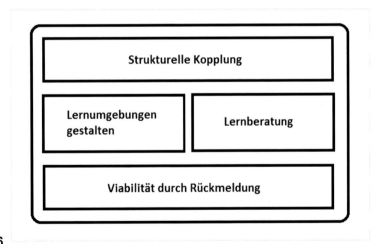

Abb. 6

Die Abfolge in dieser Abbildung ist durchaus ernst zu nehmen: Die strukturelle Kopplung ist die Grundlage. Sie trägt Lernberatung und die Gestaltung der Lernumgebung. Den Schlussstein bildet die Viabilität. Diese Auffassung von Unterricht entspricht nicht mehr dem alten mechanischen Paradigma.

IV. Untersuchung der Unterrichtskomponenten

Beim der nun anstehenden Subsumtion werden die vier Komponenten des systemisch
– konstruktivistischen Unterrichts: Strukturelle Kopplung – Lernberatung – Gestaltung
der Lernumgebung – Viabilität entfaltet und mittels der drei konstituierenden Kriterien
der DL – Begriffes Potentialorientierung – Prozessorientierung – Ergebnisorientierung
untersucht. Die Untersuchung erfolgt im Hinblick auf die für die DL-Definition notwendige Dichotomie materiell – immateriell und die Einbeziehung des externen Faktors
Lerner. Diese Begriffe stellen das Brennglas bzw. das Mittel der Komplexitätsreduktion
dar, mit dem verfahren wird. Die jeweilige Untersuchung schließt mit einer zusammen-
fassenden These als vorläufigem Ergebnis ab.

A. Strukturelle Kopplung
a. Entfaltung der Komponente

Der Befund zur strukturellen Kopplung ist nach Recherche und bei querschnittlicher
Betrachtung eher ernüchternd. Arnold stellt zur Recht fest: „Es fehlt der Pädadogik bis
heute eine systemtheoretische Begründung ihrer Professionaliät, ….", „.....hätte eine
Ausdeutung dessen zu leisten, was ´strukturelle Kopplung` in Lehr-Lern-Zusammen-
hängen bedeutet, …", Arnold, 2010b, S. 31. Ähnlich Reich, S. 51: „Die Pädagogik der
Gegenwart ist ein Entwicklungsland, weil die Beziehungsebene bis heute unter-
bewertet wird.". Die Schlüsselfragen in diesem Zusammenhang lauten:

- Was ist strukturelle Kopplung im Verhältnis von Lehrendem und Lernenden?
- Wie erzeugt/begünstigt man diese Kopplungen?

"Strukturelle Kopplung bedeutet, dass zwar zwei interagierende Systeme sich
entsprechend ihrer eigenen Beobachtungslogik verhalten, dabei durchaus füreinander
veränderungsrelevante Beobachtung bereithalten können." Arnold, 2010b, S. 29.
Strukturelle Kopplung ist wechselseitige Strukturveränderung in laufender Interaktion
mit entstehender Beziehung, Arnold/Gomez, S. 117. Siebert bezeichnet dies u.a. als
Ko-Evolution, Siebert, S. 2008, S. 37. Strukturelle Kopplung hat somit ein egalitäres
Moment, denn keines der Teilsysteme ist bevorzugt.

Strukturelle Kopplung kann <u>nicht erzeugt</u> sondern nur genutzt werden, vergl.
Arnold/Schüßler, S. 30 Mitte. „Strukturelle Kopplung ist <u>niemals potentiell</u>, immer nur
aktuell zu haben", Jahraus,S.1, d.h. man kann sie weder ein – und ausschalten, noch

vorrätig halten. (Strukturelle Kopplung ist also nichts für Macher!) Was die strukturelle Kopplung begünstigt, wird unterschiedlich betont: Beziehung, Reich, aaO, systemische Achtsamkeit, Arnold/Gomez, S. 184, Befähigung zur Einfühlung, Voß, S. 54. Dieses sind aus Sicht des Verfassers die eigentlichen Ermöglicher der ED.

Eine wichtige Fähigkeit des lehrenden Systems ist die Fähigkeit, die anschlussfähigen Beobachtungen des lernenden Systems zu ertasten, Arnold, 2010 b, S. 30. Dies setzt gegebenenfalls den fortlaufenden Wechsel der eigenen Beobachtungsschemata des lehrenden Systems voraus, um auf verschiedenen Kanälen nach Resonanz zu suchen. Dies wiederum erfordert im lehrenden System einen ausgeprägten Beobachter 2. Ordnung, der gegebenenfalls die eigenen Beobachtungs- und Deutungsmuster 1. Ordnung infrage stellt (Vergl. Arnold, 2010 b, „Selbstreflexivität“, S. 27 unten, letzter Absatz). Die Bedeutung dieser Fähigkeit liegt zusätzlich darin, dass es nicht nur um kognitive Dimensionen geht. Es sind immer die emotionalen Schemata der Lernenden zu berücksichtigen, die wichtige Filter – und Verhaltenregulatoren darstellen, vergl. Arnold/Gomez, S. 121.

Die zugrunde liegende Haltung des Lehrenden ist Offenheit, Achtsamkeit und Zeit für den Lernenden. Vergl. „didaktische Sensibilität“, Arnold/Gomez, S. 189., „Einfühlung“, Voß, S. 54. Hieraus lassen sich interessante Folgerungen für die Qualifikation von Lehrkräften ziehen.

b. Untersuchung der Komponente

Hier ist der Befund eindeutig und die Begründung fällt kurz aus.

Strukturelle Kopplung ist nicht vereinbar mit der Potentialorientierung der Dienstleistung. Strukturelle Kopplung ist niemals potentiell, sondern immer nur aktuell vorliegend. Sie ist ein Zustand. Eine Rollenteilung, bei der der eine etwas vorrätig hält, was der andere dann in Anspruch nimmt, ist bei zwei gleichwertigen Systemen im Rahmen der strukturellen Kopplung nicht möglich.

Strukturelle Kopplung kann auch nicht im Sinne eines Ergebnisses oder Erfolges erzeugt werden. Damit ist auch das Merkmal der Ergebnisorientierung nicht erfüllt. Strukturelle Kopplung lässt sich somit eindeutig <u>nicht</u> mit dem DL – Begriff beschreiben.

<u>Resultat:</u>

These 1: Strukturelle Kopplung ist keine Dienstleistung.

B. Lernberatung
a. Entfaltung der Komponente

Der Begriff der (Lern-) Beratung ist ein oft genutzter aber nicht genau definierter Begriff, hinter dem sich viele verschiedene Bedeutungen verbergen, Knoll, S. 19/14, Schmidt, S. 2 unten, vergl. Pätzold, S. 172/3, Arnold/Pätzold, S. 69, vergl. Kemper/Klein, S. 49/58, Schiersmann, S. 83. Aus diesem Anlass ist der Begriff der (Lern -) Beratung zu präzisieren. Dieses hat ausschließlich vor dem Hintergrund des oben skizzierten Lernverständnisses und der Grundlagen zu erfolgen.

Lernen ist, wie oben beschrieben, ein <u>interner</u> Vorgang des Lerners, daher ist die Unterscheidung der Beratung nach <u>äußeren</u> Themen nicht relevant, d.h. auch hier bildet das lernende Individuum den Bezugspunkt, vergl. Schmidt, S. 4. Auch die spezifisch verwandte Methode ist deshalb nicht von Belang, ebenso die bei der Beratung ablaufenden zeitlichen Prozessphasen. Als Vorbereitung für die Betrachtung des Beratungsbegriffes wird die Landschaft um den Begriff „Beratung" herum prototypisch geordnet. Zu diesem Zwecke bedient sich der Verfasser der von Knoll, S. 22, vorgeschlagenen Ordnung/Abgrenzung der Begriffe in diesem Feld. In der Realität werden sich diese Handlungsformen je nach Bedarf abwechseln und vermischen.

<u>Handlungsformen nach Knoll</u>

Übersicht 1: Pädagogische Handlungsformen im Rahmen von Bildungsberatung

Form des Handelns	Ziel (aus Sicht der betroffenen Person)	Funktion (aus Sicht der Struktur setzenden Person)	Leitende Orientierung
Informieren	Kenntnis (von.../über...) bekommen	Inhalte weitergeben	die Sache
Anleiten	eine (bereits definierte) Problemlösung bekommen	Problemlösung weitergeben	die Sache, der Handlungsablauf (Ergebnis und dessen Qualität)
Beraten	eine eigene Problemlösung finden, eigenen Weg zur Problemlösung entdecken/ entwickeln; Entwicklung von Lebens- bzw. Alltagskompetenz	Hilfe anbieten, eine Problemlösung zu finden („Hilfe zur Selbsthilfe")	der Prozess (Entwicklung eines individuellen Ergebnisses), die Person
Begleiten	die erarbeiteten Problemlösungen in den gesamten Lebenskontext und in eine längerfristige Perspektive einbinden	Hilfe geben, die Problemlösungen längerfristig zu verankern	die Person, der Kontext, der Prozess

Abb. 7: Knoll, S. 22

Dem folgend gehören viele Handlungsformen nicht zur Beratung, die in umgangs-sprachlicher Sicht darunter fallen würden. Dies betrifft die reine Weitergabe von Informationen, Knoll, S. 20, die in der Praxis einen großen Teil der beratenden Tätigkeit ausmachen dürfte. Anderer Ansicht: Schwarzer/Posse, S. 142, die Informationen als konstituierendes Merkmal von Beratung betrachten. Heraus fallen auch Anleitungshandlungen, d.h. der Transfer von (fertigen) Methoden oder Problemlösungen (letztlich nur Information auf höherer Ebene, Anmerkung des Verfassers), Knoll, aaO. Lernbegleitung als Hilfe bei der Verankerung von Problemlösungen, Knoll, aaO, ist auch nicht Teil von Beratung. Sie ist eine zeitlich auf Dauer gestellte Absicherung des Lern-/Transfererfolges, Knoll, aaO.

Übrig bleibt der Kern der Beratung im engeren Sinne, d.h. „Interventionen als Hilfe, damit die betroffene Person durch eigenes Wahrnehmen und Erinnern, durch Nachdenken und Einfälle selbst zu Schlussfolgerungen, Zielvorstellungen, Lösungsideen und Entscheidungen kommt.", Knoll aaO.

Basismodelle der Beratung nach Schein

Um das Verständnis vom Beratungshandeln noch weiter zu präzisieren, sollen hier drei Beratungsmodelle, vergl. Schein, S. 21 – 39, vorgestellt werden, deren jeweilige Struktur eine bessere Einordnung der Lernberatung ermöglicht. Es geht bei diesen Modellen um die spezifische Rollen, die Berater und Lerner in der Beratungssituation einnehmen.

Arzt-Patienten-Modell

In diesem Beratungsmodell stellt der Berater die Diagnose, verschreibt die Behandlung und führt diese auch durch (Umsetzung), Schein S. 30, unten. Hierbei liegt die Annahme zugrunde, dass der Berater die erforderliche Fähigkeit für diese drei Teilbereiche hat und von außen in der Lage ist, das Problem des Klienten zu beheben. Hier gibt der Klient fast vollständig die Verantwortung ab. Zentraler Schwachpunkt ist ua. die Annahme der Berater könne allein an die notwendigen Informationen für die Diagnose gelangen, vergl. Schein, S. 32, ebenso wird von der fraglosen Akzeptanz der Diagnose durch den Klienten ausgegangen, usw. Diese Betrachtung ist mit dem systemisch – konstruktivistischen Ansatz unvereinbar. Aber gerade deshalb kommt diese Form der Beratung dem alten Paradigma sehr nahe.

Expertenmodell

In diesem Modell ist die Verantwortung geteilt. Der Klient stellt die Diagnose und trägt dafür die Verantwortung, und der Berater stellt eine bestimmte Problemlösung bereit und setzt sie um, Schein, S. 25/26. Problembereich ist hier wieder das gemeinsame Problemverständnis von Klient und Berater, Schein, S. 26 und die implizite Annahme, der Berater oder irgendein anderer Berater verfüge über das notwendige Wissen.

Prozessberatung

Bei der Prozessberatung verbleiben die Verantwortung und die Zuständigkeit für Diagnose, Behandlung und deren Umsetzung beim Klienten. Der Berater hat die Aufgabe, die Problemlöse – und Diagnosekompetenz an den Klienten zu übertragen, Schein, S. 34 unten. "Prozessberatung ist der Aufbau einer Beziehung mit dem Klienten, die es diesem erlaubt, die in seinem internen und externen Umfeld auftretenden Prozessereignisse wahrzunehmen, zu verstehen und darauf zu reagieren, um die Situation, so wie er sie definiert, zu verbessern.", Schein, S. 39.

Aus Sicht des Verfassers kann sich eine entsprechende Lernberatung, die dem neuen Paradigma entspricht, nur zwischen den Polen Expertenmodell und Prozessberatung bewegen. Die von Knoll zu recht aus der Beratertätigkeit ausgegrenzten Informations - und Anleitungskomponenten lassen sich stimmig beim Arzt – Patienten bzw. Experten-Modell einordnen.

Festzuhalten bleibt an dieser Stelle, dass die Definitionen von Knoll, aaO, und Schein, aaO, große Ähnlichkeiten im Beratungsverständnis im Hinblick auf Selbst-verantwortung und Selbstorganisation aufweisen, d.h. der Berater ist dazu da, (Problemlöse-) Prozesse zu unterstützen, in denen der Klient zu seiner Lösung kommt.

Dies entspricht im Kern auch der Stufenfolge der Lernberatung bei Siebert, 2009, S.100/101. Ebenso Schiersmann, S. 84, 4. Punkt, ebenso Schmidt, S.16: „Lernberatung, ….nicht bloß informierend oder anleitend….". Ebenso Pätzold, S. 181, unteres Drittel. Auch die Aussage zur „ Analyse, Neustrukturierung und – bewertung vorhandener Information …„ Schwarzer/Posse, S. 147 unten, ordnet sich in das obige Beratungsverständnis sinnvoll ein.

Doch bei welchem Prozessen soll denn nun (Lern-) Beratung hilfreich unterstützen?

Lernberatung ist eine Unterstützungsleistung bei beliebigen Lernprozessen, Pätzold, S. 184. Lernberatung bildet das Komplement zur Selbststeuerung im Lernprozess, Arnold/Pätzold, aaO, ähnlich Kemper/Klein, S. 49. Im Kern geht es bei Lernprozessen um den Aufbau von Kompetenzen (s.o. Lernen). Daher ist das Ziel der Lernberatung, die Lernenden beim Aufbau ihrer Kompetenzen zu unterstützen, Kemper/Klein, S. 49.

Fazit:

(Lern-) Beratung ist die interaktive Prozessberatung zur Unterstützung des Individuums beim Kernprozess des Lernens: der Konstruktion/Rekonstruktion und Dekonstruktion von mentalen Modellen beim Kompetenzaufbau.

Abgrenzung und Bezüge zur Psychotherapie

Wie oben festgestellt, ist Lernen emotional besetzt, vergl. Arnold/ Arnold-H., S. 50, d.h. bei der Konstruktion, Rekonstruktion und Dekonstruktion von kognitiven Modellen werden immer Emotionen aktiviert. Diese sind im Beratungsprozess mit zu berücksichtigen. „Psychotherapie und Beratung haben eine große Nähe", Engel et al., S. 36, ähnlich Schmidt, S. 16. Phasenweise sind sie sogar deckungsgleich, Engel et al., aaO. Allerdings liegen Psychotherapie und Beratung unterschiedliche Basisannahmen zugrunde, Engel et al., aaO. Psychotherapie zielt primär auf Heilung von Störungen mit Krankheitswert, Engel et al., S. aaO., was der Defizithypothese des klassischen Lernens entspricht. Demgegenüber ist Beratung ein offener Hilfediskurs, Engel et al., aaO.

Ob diese Zweiteilung im Hinblick auf das systemisch – konstruktivistische Paradigma zukünftig noch Bestand haben wird, bezweifelt der Verfassers. Es spricht nichts dagegen, Psychotherapie als Beratung zur Entwicklung spezifischer emotionaler/ sozialer Kompetenzen aufzufassen, womit der Unterschied nur noch graduell und nicht mehr prinzipiell aufzufassen wäre.

b. Untersuchung der Komponente

Potentialorientierung

Notwendig ist auf der Seite des Dienstleisters ein entsprechend vorgehaltenes bzw. bereitgestelltes Beratungspotential, also die Fähigkeit, Menschen bei Prozessen zu begleiten, welche sich in der entsprechenden Kompetenz der Berater wiederspiegelt. Dieses Beratungspotential des Dienstleisters oder der Berater ist völlig immateriell, d.h. es liegt nicht auf Vorrat im Speicher bereit oä. Es sei an dieser Stelle noch einmal betont, dass bei einer Lernberatung - im Verständnis des Verfassers - keine Informationen weitergeben werden, die irgendeinen materiellen Charakter haben könnten.

Prozessorientierung

In der Prozessphase bringt der Kunde/Lerner sich bzw. sein Lernproblem ein. Erst mit dem „Sich-Einbringen" des Lerners kann der Beratungsprozess starten. Die Integration des Kunden in den Beratungsprozess ist bei Lernberatung, in dem oben skizzierten Sinne als Hilfe zur Veränderung der internen Modelle, hoch und keinesfalls marginal.

Ergebnisorientierung

Die Bewältigung des Lernproblems bzw die selbständig ablaufende Konstruktion/ Dekonstruktion/Rekonstruktion der mentalen Modelle des Lerners ist das bei der Beratung zu erwartende Ergebnis. Auch dieses Ergebnis hat keinen materiellen/ physischen Gehalt. Es ist daher völlig immateriell (sieht man von geringfügigen neuronalen Änderungen ab).

Die drei Kriterien der DL – Definition sind somit gegeben, daher ist Lernberatung eine reine Dienstleistung im Sinne von **Typ V** der DL – Typologisierung.

Dies ist auch schlüssig. Die Nähe oder Nachbarschaft zur Psychotherapie /psycho-sozialer Beratung/ärztlicher Beratung/Organisationsberatung, etc ist vorhanden und diese Tätigkeiten sind unstrittig Dienstleistungen. Vergl. Schiersmann, S. 84, 3. Punkt.

Resultat:

These 2: Lernberatung ist eine reine Dienstleistung.

C. Gestaltung der Lernumgebung
a. Entfaltung der Komponente
Lernumgebungen

Was ist eine Lernumgebung? Es ist im Sinne der Grundlagen ein Teil der oder schlicht die gesamte Umwelt des lernenden Systems. Alle möglichen Lernumgebungen vollständig mit Begriffen zu beschreiben, würde bedeuten, die gesamte Welt zu modellieren und ist unmöglich.

Als grobe und notwendige Einteilung ergibt sich die Zweiteilung in „arrangierte Lernumgebungen – natürliche Lernumgebungen", wobei sich die Setzung „natürlich" in negativer Abgrenzung zur arrangierten Lernumgebung in Institutionen etc. definiert. Arrangiert bedeutet hier: von einem Lehrer als Lernumgebung konzipiert. Damit räumt die systemisch – konstruktivistische Betrachtungsweise der Einsicht einen Platz ein, dass Menschen 80 % ihrer beruflichen und alltäglichen Kompetenzen nicht in Bildungseinrichtungen erwerben, Arnold, 2010 a, S. 250 oben, vergl. Voß, S. 58. Lernen findet also jederzeit an jedem Ort statt. Gleichzeitig ist damit angelegt, dass der Klassenraum als der Ort des Lernens sich gegenüber den anderen Lernumgebungen öffnen muss, Voß, S. 57.

Eine weitere Einteilung ist die Einteilung in Selbstlernumgebung und Vermittlungslernumgebung. Selbstlernumgebungen sind Lernumgebungen, die das Selbstlernen ohne Lehrkraft unterstützen, vergl. Schläbitz, S. 129. Vermittlungs - lernumgebungen beinhalten Interaktion mit dem Lehrer, z.B. auch - aber nicht nur - in Form von Instruktion. (Bemerkung: Der Begriff Vermittlungslernen ist nur als Abgrenzung zur Selbstlernumgebung brauchbar, ein besserer Begriff stand dem Verfasser nicht zur Verfügung)

Im graphischen Überblick stellt sich dies wie folgt dar:

	Selbstlernen	Vermittlungslernen
Natürlich	Natürliche Selbstlern-umgebung	Natürliche Vermittlungslern-umgebung
Arrangiert	Arrangierte Selbstlern-umgebung	Arrangierte Vermittlungslern-lernumgebung

Abb. 8

Diese Sicht ist auch kompatibel mit der Wahl der Lerner zwischen Selbst – und Fremdsteuerung, vergl. Arnold/Gomez, S. 125. Die Vermittlungslernumgebung schließt Instruktionslernen ein, vergl. Voß, S. 51:"… modifizierte Instruktionsmethoden sind ......Teil einer konstruktivistischen Didaktik", ebenso S. 50. Die obige Tabelle enthält implizit auch die Erzeugungs -und die Ermöglichungssicht auf Unterricht: Im praktischen Handeln während des Unterrichts hat der Lehrer die Balance zwischen

Instruktion des Lerners und Konstruktionsleistung des Lerners herzustellen, vergl. Reinmann/Mandl, S. 638/639, Niggli, S. 43 oben, 52.

In diesem Kontext kann es nur um die arrangierten Lernumgebungen gehen, daher wird das entsprechende Adjektiv nicht mehr erwähnt. Lernumgebungen werden auch als Lernarrangements, Lerndesign, Lernsettings, Siebert, 2009, S. 124, oder auch als Lernlandschaft, Voß, S. 58, beschrieben. Für Lernumgebung sei folgende Definitionen zitiert: „.. der von Bildungsorganisationen und Einrichtungen definierte und bereitgestellte, in umfassendem Sinne verstandene Raum, innerhalb dessen Lernprozesse ablaufen.", Kaiser, S. 21 bzw. „Arrangement von Lernmaterialien und Lehr - Lernmethoden", Tenorth, S. 482.

Auch diese Definitionen der Lernumgebung lassen noch sehr viel Raum. Zentrale Konsequenz ist, dass alle Gegenstände materieller oder immaterieller Art in dieser Lernumgebung prinzipiell gleichwertig sind. Jede Hervorhebung des Inhaltes ist somit artifiziell und graduell, aber nicht mehr prinzipiell gültig. „Das Inhaltliche ist nur *ein* Aspekt neben anderen....", Arnold, 2010 a, S. 95. Alles, Methode, Inhalt, Sozialform, Gebäude, Mobiliar, Lehrer, Hausmeister, Medium, etc, ist für das lernende System nur Umwelt. Fixpunkt sämtlicher Handlungen zur Gestaltung von Lernumgebungen ist der Lerner: Alle Lernumgebungen sind so zu gestalten, dass sie für den Lerner anschlussfähig sind, was auf die Qualität von Lernumgebung verweist.

Die Wissenschaft, wie Lernumgebungen zu gestalten sind, ist die so neu konstruierte Didaktik: „Didaktik wird damit zu einer subjektwissenschaftlichen Theorie der nachhaltigen Gestaltung von Möglichkeitsräumen.", Arnold, 2010 a, S. 90 unten. Die eigentliche Modernisierung der Didaktik bzw. Fachdidaktik steht jedoch als Teil des systemisch – konstruktivistischen Paradigmas noch aus, vergl. Arnold, 2010 a, S. 93. Ebenso Forneck, S. 10 Mitte, 19 Mitte.

Da keine detaillierte Begrifflichkeit zu Lernumgebungen vorliegt, mit der der Verfasser arbeiten könnte, werden zwei konkrete Beispiele für Lernumgebungen dargestellt. Dies stellt insofern eine Abweichung von der gewählten Methode dar, da hier lediglich Musterfälle aus der Vielzahl der Fälle herausgegriffen werden.

Die Relevanz dieser beiden insofern idealtypischen Lernumgebungen leitet sich aus Betrachtungen zur Materialität (s.o. Dienstleistung) ab. Diese fokussiert bzw. reduziert die Betrachtungen zur Lernumgebung im Hinblick auf die Dichotomie materiell – immateriell.

Fall 1 Prototyp Selbstlernumgebung: Aufgaben, Bücher, fertige Materialien, oä. sind materiell.

Fall 2 Prototyp Vermittlungslernumgebung: Interaktionen zwischen Lehrer – Lerner, bzw. Lerner- Lerner sind rein immateriell.

<u>Fall 1 Selbstlernumgebung am Beispiel Buch und Aufgaben</u>

Die Relevanz dieser Lernumgebung ist für den Schulalltag unmittelbar gegeben. Fast in jedem Unterricht werden Lehrbücher eingesetzt. Sie stellen in der Regel einen wichtigen Baustein bei Unterrichtsplanung und – durchführung dar. Entscheidende Merkmale von Lehrbüchern sind ihre vorgefertigte unveränderliche Struktur und ihre oft umfassende Abdeckung des relevanten Feldes. Einmal angeschafft, sind sie lange im Einsatz und stellen somit ein stabiles Element für alle Beteiligten dar. Übungsaufgaben stellen sich eine Einengung des Einsatzes eines Lehrbuches dar, denn jedes Lehrbuch enthält Fragen, Übungsaufgaben etc. Jede Klausur besteht aus Aufgaben. Implizit statuieren sie die Anforderungen des Schulsystems in allen offenen bzw. verdeckten Variablen. Sie haben aus Sicht des Verfassers, der jedes Jahr Lerner durch das Zentralabitur Mathematik begleitet, mehr Einfluss auf das zu erwartende Lernerverhalten und die Unterrichtsgestaltung als die Lehrpläne. Es wird in diesem Zusammenhang auch von der Aufgabenkultur gesprochen.

Die Entscheidung für den Einsatz eines Lehrbuches durch die Lehrkraft ist die Entscheidung für ein weitgehend vorgefertigtes externes Produkt, welches die Handlungsoptionen für Lehrer einschränkt oder erleichtert – je nach Sichtweise. Die eigentliche didaktische Leistung im engeren Sinne wird von den Autoren der Verlage geleistet, die diese Werke gestalten, d.h. ihnen inhaltlich, methodisch, visuell etc. Gestalt geben.

<u>Fall 2 Vermittlungslernumgebung</u>

Hierunter soll eine Unterrichtsstunde mit hohem Interaktionsgrad (ua. auch Frontalunterricht) verstanden werden, in der vorrangig Lehrer – Lerner – Gespräche stattfinden. Die ablaufenden Prozesse ähneln in starken Maße (Theater-) Inszenierung, d.h. das Verhalten orientiert sich an offenen oder verdeckten Skripts,

Siebert, 2008, S. 123, vergl. Arnold/Gomez, S. 53/73. Ein derartiges Interaktions-geschehen wird in der Regel vorgeplant. In der ablaufenden Inszenierung nimmt der Lehrer steuernd oder eher zurückgenommen teil. Der Begriff der Inszenierung hat hier den großen Vorzug, das Unterrichtsgeschehen metaphorisch auf den Punkt zu bringen und es für die Anwendung des Dienstleistungsbegriffes bei gleichzeitiger Beibehaltung der Komplexität zugänglich zu machen.

Gestaltung

Welche Handlungen vollzieht der Lehrer bei der Gestaltung von Lernumgebungen? Die Gestaltung der Lernumgebung ist in zwei zeitlich aufeinander folgende Phasen zu unterteilen, die jeweils ein separates Ergebnis zeitigen.

Phase 1 Vorbereitung der Lernumgebung (vormals Unterrichtsplanung genannt)

Der Lehrer disponiert Unterrichtsmethoden, Unterrichtstechnik, Lernmaterialien, Medien, Inhalte, etc., vergl. Reinmann/Mandl, S. 615/616, Forneck, S. 21 unten. Dies bedeutet die Auswahl und die Anordnung dieser Bausteine zu einer Lernumgebung. Neben dem Inhaltsaspekt und dem Kompetenzaspekt ist hier der Prozessaspekt entscheidend: „Wie sollen Lerner lernen", Arnold, 2010a, S. 95, bzw. „Methodisierung der Bildungsprozesse", Arnold/Gomez, S. 41. Dieses ist, wie schon oben angesprochen, eine Verlebendigungsinszenierung, Arnold, 2010a, S. 102f, Arnld/Haecky, 2011, S. 71. Entscheidender Steuerparameter bei dieser Tätigkeit ist die pädagogische Grundeinstellung der jeweiligen Lehrkraft, Reinmann/Mandl, S. 616, links oben, Arnold/Gomez, S. 169 oben, und die zu erzielenden Kompetenzen. Diese Vorbereitung kann zwei unterschiedliche Ergebnisse hervorbringen:

- Im Fall 1: Einerseits fertige Selbstlernumgebungen, die den Lernern zur Verfügung gestellt werden, vergl. Arnold/Haecky, S. 51 oben. Die Gestaltung ist somit abgeschlossen.

- Im Fall 2: Andererseits Planungsunterlagen („Drehbuch") und Unterrichtsmaterialien, die dann in Unterricht umgesetzt werden. Die Gestaltung geht dann noch weiter.

- Im Fall 1 der Selbstlernumgebung ist der Lehrer als <u>Gestalter nicht mehr beteiligt</u>. Es wird gegebenenfalls nur noch Lernberatung geleistet.

- Im Fall 2 eines interaktionsorientierten Unterrichts setzt der Lehrer die vorbereitete Unterrichtsplanung in Szene. Während dieser Umsetzung kann der Lehrer die Interaktion und damit <u>die sich entwickelnde Lernumgebung gestalten</u>, vergl. Siebert, 2008, S. 122 oben, „situative Steuerung", Arnold/Haecky, 2011, S. 70.

Die Gestaltung der Lernumgebung (in der Ausprägung der beiden obigen Prototypen) stellt sich in der zeitlichen Abfolge wie folgt dar:

Vorbereitung	Ergebnis	Durchführung	Materialiät
Inhaltliche, prozessuale und Kompetenzplan-ung	Unterrichts -planung und Unterrichtsmaterialien (Fall 2)	Inszenierung einer Lehrer-Lerner – Interaktion und situativ gestaltendes Lehrerhandeln	Tendenziell immateriell
und/oder Auswahl und Herstellung der Lernmaterialien bzw. der Selbstlernumge-bungen	Selbstlernum-gebungen (Fall 1)	Auseinandersetzung der Lerner mit der Selbstlernumgebung	Tendenziell materiell

-----------------------------Phase 1-------------------- -----------Phase 2---------

Abb. 9

b. Untersuchung der Komponente

Die Untersuchung dieser Komponente ist komplex und orientiert sich an den zwei Prototypen der Lernumgebungen Fall 1 und Fall 2.

Potentialorientierung

Für die Gestaltung der Lernumgebung ist ein entsprechendes Potential beim Dienstleistungsanbieter, der Schule bzw. dem Lehrer, erforderlich. Doch welche Faktoren müssen bereitgehalten werden?

Das Potential setzt die Fähigkeit und die Bereitschaft voraus, Lernumgebungen zu gestalten. Dieses Potential liegt in den Lehrkräften bzw. in deren Know-How, welches vorgehalten wird, und dieses ist immateriell. Daneben sind aber andere (materielle) Faktoren notwendig: Unterrichtsunterlagen, Aufgaben, Bücher, Papier, fertige Skripte, also alle materiellen Güter, die neben dem Vorbereitungswissen immer auch erforderlich sind, um Unterricht erfolgreich vorbereiten zu können. Dazu kommen Steuerinformation wie Lehrplan, Kompetenzpläne, didaktische Selbstverständnis, etc.

Je nach Situation wäre auch denkbar, entsprechende Materialien vorzuproduzieren und z.B. fertige Unterlagen zur Probe o.ä. anzubieten. Im schlechtesten Fall wären dies auch die alten Unterrichtsunterlagen oder Skripte eines Lehrers, die jedes Jahr in gleicher Weise abgespult werden.

Damit ist das Dienstleistungspotential nicht allein immateriell, sondern auch materiell, auch wenn die Fähigkeiten der Lehrer unstrittig den Kern dieses Potentials darstellen. Hinsichtlich der beiden Fälle 1 und 2 kann auf der Ebene der Potentialorientierung kein großer Unterschied festgestellt werden.

Prozessorientierung

Zentrale Aspekte der Prozessorientierung sind das Hinzutreten des Kunden und die simultane Inanspruchnahme der Dienstleistung. Wie muss man sich die Mitwirkung der Kunden bzw. Lerner bei der Gestaltung von Lernumgebungen vorstellen?

Die Integration des Kunden in den DL – Prozess kann man zwischen zwei Polen aufspannen. Zum einen kann sich die Mitwirkung der Lerner bei der Erstellung der Lernumgebung auf ein Minimum reduzieren, zum anderen kann sich diese Mitwirkung als eine echte Mitarbeit bei der Gestaltung der Lernumgebung als gedachtes Maximum darstellen.

Minimum

Im ersten Fall bringen die Lerner lediglich ihre aktuelle Klassenstufe als Fähigkeitskategorie und minimale Aussagen über ihre Interessen und Fähigkeiten als singuläre Informationen ein. Die Gestaltung der Lernumgebung richtet sich dann abstrakt an dieser bloßen Information aus, was letztlich einer Standardisierung entspricht. Eine weiter aktive Mitarbeit unterbleibt. Dies entspricht in DL – Begriffen einer geringen Eingriffsintensität und Eingriffstiefe in den DL – Prozess.

Maximum

Im zweiten Fall können die Lerner einzeln oder als Gruppe aktiv bei der Gestaltung der Lernumgebungen mitwirken, d.h. sie beeinflussen nicht nur die Auswahl der entsprechenden Unterrichtsfaktoren, sondern entwickeln aktiv entsprechende Lernumgebungen mit, was letztlich einem Zugriff auf alle Vorbereitungsparameter insbesondere der Inhaltsdimension entspricht. Dies entspricht einer hohen Eingriffsintensität und Eingriffstiefe in den DL – Prozess.

Bemerkung:

Die Integration der Lerner in den Dienstleistungsprozess bildet hervorragend die aktive Beteiligung der Lerner an der Gestaltung der Lernumgebung im Sinne der ED ab oder auch deren vernachlässigbare Beteiligung. Dieses entspricht genau der Forderung nach der gemeinsamen Gestaltung der Lernumgebung durch Lehrer und Schüler, Voß, S. 55 Mitte, 57 unten, 58 unten. „Hierbei wird deutlich, das die Übertragung des Dienstleistungsbegriffes….zu einer teilweise hohen Übereinstimmung mit zentralen erwachsenenpädagogischen Prinzipien führt...", Schüßler/Thurnes, S. 15, rechte Spalte.

Fallunterscheidung

Im obigen Fall 1: Im Fall der Selbstlernumgebung beschränkt sich die Beteiligung der Lerner am DL – Prozess auf die Phase 1. Im Normalfall werden Selbstlernumgebungen für eine Gruppe von Lernern gestaltet. Die Beteiligung der Lerner an diesem Gestaltungsprozess ist daher eher gering. Es werden nur Informationen über die Interessen und das Leistungsniveau benötigt oder aber die Gestaltung der Selbstlernumgebung orientiert sich an den allgemeinen Kriterien einer Zielgruppe, z.B. an den Teilnehmern eines Fernstudiengangs „Schulmanagement". Die Qualität dieser Lernumgebung liegt nicht in der Fertigung <u>für einen</u> Lerner, sondern in der Passung/Anschlussfähigkeit <u>für viele Lerner</u>. Nur aus diesem Grund kann auf eine intensive Beteiligung der Lerner an der Gestaltung verzichtet werden. Ein anderer Aspekt ist folgender: Mit der Gestaltung der Lernumgebung ist im Normalfall <u>nicht</u> automatisch die Inanspruchnahme der Lernumgebung gegeben. <u>Diese folgt in der Regel später.</u> Die andere Frage, der Auswahl der richtigen Selbstlernumgebung für einen Lerner, ist auf der Metaebene angesiedelt und berührt eher die Frage der Lernberatung.

Im obigen Fall 2: Im Fall der Vermittlungslernumgebung können die Lerner in beiden Phasen der Gestaltung der Lernumgebung beteiligt werden. Im Idealfall modellieren Lehrer und Lerner die Lernumgebung gemeinsam (auch wenn dies hier nur eine von vielen Möglichkeiten darstellt). Die Beteiligung der Lerner in Phase 1 kann hier hohe (im Sinne einer Ko-Evolution) oder niedrige (im Sinne einer Instruktion) Intensitätsgrade annehmen: Auswahl der Themen, Methode, Lernziele, etc., wobei die Planung der Lernumgebung von der Konsumtion zu trennen ist. DL – Erstellung und DL- Verbrauch fallen (noch nicht) zusammen. In der Phase 2 der Durchführung bringen die Lerner laufend ihre Interessen und Lernbedürfnisse ein und der Lehrer steuert situativ nach. DL-Erstellung und Inanspruchnahme fallen während der Interaktion von Lehrern und Lernern zusammen.

Ergebnisorientierung

Auf dieser Stufe ist zu untersuchen, in welchen Wirkungen sich der DL-Prozess niederschlägt. Da die systemisch-konstruktivistische Betrachtung an der Systemgrenze des Lerners endet, können solche Ergebnisse wie erfolgreiches Lernen, bestimmte Kompetenzen, o.ä. <u>nicht</u> das Ergebnis einer DL sein. In diesem Sinne trägt der Dienstleister für diese Art von Erfolg, da dieser außerhalb seiner Einflussmöglichkeiten liegt, keine Verantwortung. Was ist das Ergebnis des DL – Prozesses?

Zu Fall 1 Selbstlernumgebung

Die Wirkung/ das Ergebnis ist eine fertige Lernumgebung, die – wenn man sich an den obigen Bespielen orientiert – materieller Natur ist. Immaterielle Selbstlernumgebungen sind nicht oder nur schwer denkbar. In der Regel werden diese Lernumgebungen den Lerner übergeben.

Zu Fall 2 Vermittlungslernumgebung

Das Ergebnis ist in diesem Fall eine erfolgreiche Inszenierung bzw. ein Interaktionsgeschehen, an dem der Lerner teilnimmt oder teilnehmen kann. Das Ergebnis als solches ist dann immateriell.

<u>Bemerkung:</u> Die gestalteten Lernumgebungen bieten lediglich die Möglichkeit, dass der Lerner sich damit auseinandersetzt. Erzwingen kann dies in systemisch – konstruktivistischer Betrachtungsweise niemand. Qualitätsmerkmal dürfte in diesem Bereich die Passung der Lernumgebung an die Bedürfnisse des Lerners sein bzw. die erfolgreiche strukturelle Kopplung.

<u>Resultate</u>

<u>Fall 1</u>

Im Fall der Selbstlernumgebung ist das Potential materiell oder immateriell je nach Betrachtungsweise. Die Integration des externen Faktors (Schüler/Lerner) ist gering oder vernachlässigbar und die Gestaltung der Lernumgebung verläuft nicht zeitgleich mit deren Inanspruchnahme.

Das Ergebnis ist nach der hier vertretenden Auffassung materiell. Diese Feststellung wird untermauert von der gängigen Zuordnung von Büchern, Filme, oder ähnlichen Medien zu Sachgütern, Corsten, 2007, S. 134/5. [Alternativ käme sonst eine Einordnung als Quasi-Dienstleistung vom Typ IV in Betracht.] Leistungen dieser Art sind daher Sachleistung oder Quasi-Sachleistungen vom **Typ I bzw Typ II** der DL-Typologie.

These 3a: Die Gestaltung von Selbstlernumgebungen ist je nach Ausgestaltung eine Sachleistung oder Quasi-Sachleistung.

<u>Fall 2</u>

Im Fall der Vermittlungslernumgebung mit hohem Interaktionsgrad ist das Potential überwiegend immateriell, die Integration des externen Faktors, des Lerners, im Sinne der ED hoch, und das DL- Ergebnis ist als Interaktionsgeschehen immateriell. Leistungen dieser Art lassen sich eindeutig als Dienstleistungen vom **Typ V** klassifizieren.

These 3b: Die Gestaltung einer Vermittlungslernumgebung ist eine reine Dienstleistung.

D. Viabilität
a. Entfaltung/Begründung der Komponente

Die Ausführungen zu Viabilität in der gesichteten Basisliteratur zur ED sind knapp oder beziehen sich meist auf die Viabilität 1. Ordnung und gehen kaum über Zitate aus der Quellenliteratur (insbesondere v. Glasersfeld) hinaus, z.B. Siebert 2008, S. 33 – 35, Schüßler, 2008, S. 46-49, oder fehlen: Arnold, 2010b. Bewertung, die im Bereich der Viabilität zu verorten ist, kommt bei Arnold/Gomez nur an versteckter Stelle eher nebenbei vor, S. 171-172.

Eine tiefer gehende Verortung und Behandlung der Viabilität 2. Ordnung fehlt. Dieses ähnelt dem Befund zur strukturellen Kopplung.

Viabilität 1. Ordnung

Lernen als interner Vorgang schließt mit der Passung des Gelernten in die bereits vorhandenen Strukturen ab, Viabilität genannt. Dieser Vorgang, und nun knüpft der Verfasser an die Grundlagen an, bezieht sich auf das Wechselspiel von System und Umwelt, welche strukturelle gekoppelt sind. Diese Viablitäts"entscheidungen" sind, wie gesagt, intern und sind nur über das Handeln des Systems zu erschließen. Als rein interner „Vorgang" steht Viabilität 1. Ordnunger außerhalb der Betrachtungen dieser Masterarbeit. Viabilität 1. Ordnung kann daher keinesfalls eine Dienstleistung sein.

Viabilität 2. Ordnung

Soweit erkennbar wird betont, dass mit der ED bzw. dem systemische – konstruktivistischen Unterricht der Beliebigkeit der individuellen Wirklichkeits - konstruktion nicht Tür und Tor geöffnet sei. Doch diese Aussagen erfolgen eher nebenbei, zB. Voß, S.50: „Erkennbare Missverständnisse,…., die nur die Konstruktion im individuellen Lernprozess berücksichtigen,..". Nur wie dieses Steuerungsproblem gelöst werden soll, und es ist ein Steuerungsproblem, wie Forneck, S. 17, zu Recht feststellt: Es geht „…um andere Formen der Strukturierung und damit der Steuerung von Lernprozessen", darüber gibt es kaum konkrete Hinweise.

Jedes lernende Individuum ist immer auch Teil eines Systems höherer Ordnung, Gesellschaft genannt. Auch die Gesellschaft ist ein autopoietisches selbstorganisiertes, selbstreferentielles System. Auf die unterschiedlichen Sichtweisen von Luhmann und Hejl, woraus sich das System Gesellschaft konstituiert, Kommunikation oder lebende

Individuen, kann im Rahmen dieser Arbeit nicht eingegangen werden, vergl. Lindemann, 2006, S. 120-122.] Die Aufrechterhaltung dieser Autopoiesis ist für das Überleben der Gesellschaft notwendig. Der Versuch der Gesellschaft, die Individuen durch Instruktion zu determinieren, macht aus Sicht des Systems der Gesellschaft bis zu einem gewissen Grade Sinn. Und inwieweit die Übernahme – oder Reproduktion – des gesellschaftlichen Wissens oder der Werte gelingt, kann die Gesellschaft feststellen.

Diese beiden Prozesse: Individuelles Lernen und Autopoiesis der Gesellschaft sind miteinander verschränkt und nicht von einander zu lösen. „Die **Konstruktion sozialer Wirklichkeit** , wie sie vom Einzelnen durchgeführt wird, und die **soziale Konstruktion von Wirklichkeit**, wie sie in der Interaktion der einzelnen Gesellschaftsmitglieder entsteht, sind nicht voneinander zu trennen.", Lindemann, 2006, S. 125 bzw. S. 127. Dieses erfordert *„das Schaffen eines Gleichgewichts zwischen individuellen Wegen und gesellschaftlich – pädagogischen Ansprüchen."*, Lindemann, 2006, S. 197, ähnlich Forneck, S. 19, 2. Absatz, S. 21, 2. Absatz. Ähnlich Schüßler, 2005, S. 91: „Das ist allerdings nur möglich, wenn ich akzeptiere, das die Individuen sich nicht jedes Mal aufs Neue alles Wissen konstruieren,… „. Siehe auch die Überlegungen zur Rekonstruktion beim Kapitel Lernen. Somit geht es immer um Selbststeuerung und Fremdsteuerung. Mit diesen Überlegungen ist es notwendig, Viabilität begrifflich auf die 2. Ordnung zu erweitern.

Es geht um eine Rückmeldung der Gesellschaft an das Individuum darüber, ob die mentalen Modelle des Individuums mit den Normen und Werten der Gesellschaft vereinbar sind. Diese Rückmeldung setzt eine Feststellung des Zustandes des Individuums mithin eine Bewertung bzw. Messung voraus. Das Individuum entscheidet dann, ob in diesem Kontext seine Wirklichkeitskonstruktion noch viabel bzw. stabil sein soll. Damit ist mittelbar/unmittelbar die Entscheidung verknüpft, ob das Individuum noch ein Teil der Gesellschaft bleiben möchte, denn ein immer vorhandener Teil der Individuen steigt insofern aus der Gesellschaft aus. (Der Vorgang ist natürlich sehr viel komplexer). Bei der Viablität 2. Ordnung handelt es also insoweit um eine Diagnose/ Leistungsfeststellung aus Sicht der Gesellschaft.

Auch wenn an dieser Stelle böswillige Geister wieder die Chance für die alte Form der Fremdsteuerung wittern, und diese ist natürlich möglich, so ist der Unterschied zu klassischen mechanischen Sicht doch erheblich. Die klassische Erzeugungsdidaktik determinierte das Lernen des Individuums im Voraus. In der konstruktivistischen Sicht nimmt das Individuum den meisten Raum ein und erst am Ende des Lernens, im Nachhinein, erfolgt eine Viabilitätsprüfung 2. Ordnung, die wiederum (auch nur) eine Perturbation ist.

b. Untersuchung der Komponente

Die Untersuchung dieser Komponente gestaltet sich vergleichsweise einfach, letztlich handelt es sich um einen Messvorgang.

Potentialorientierung

Notwendig ist beim Dienstleister die Fähigkeit, die Leistungen/Ergebnisse eines Lerners/Kunden einzuschätzen. Dies beinhaltet z.B. die Fähigkeiten, Klausuren oder mündliche Prüfungen zu konzipieren und auszuwerten. Dazu gehört aber auch die Fähigkeit, mündliche Leistungen während des Unterrichts zu bewerten. Dies kann für Schule und die dort unterrichtenden Lehrer unproblematisch unterstellt werden. Dieses Potential ist, sieht man von fertigen Klausuren oder Test ab, rein immateriell.

Prozessorientierung

Die Beurteilung ist nur möglich, wenn der Kunde/Lerner mitwirkt. Das bedeutet in diesem Zusammenhang, z.B. die Bearbeitung einer Klausur, die Teilnahme am Unterrichtsgespräch, etc. Auch hier sei angemerkt, das die Integration des Kunde in den Dienstleistungsprozess in unterschiedlicher Intensität und Tiefer erfolgen kann. Dies könnte z.B. die Auswahl der Messskala, den Umfang der Bereitschaft zur Mitwirkung oder auch nur das von den Verfechtern der ED genannte dialogische Aushandeln der Bewertung betreffen. In jedem Fall ist die Mitwirkung des Kunden unabdingbar. Die Bewertung kann unmittelbar erfolgen, muss es aber nicht.

Erfolgsorientierung

Der DL-Prozess schlägt sich in einem Ergebnis nieder, dem Messergebnis. Dies ist, sieht man vom Papier der jeweiligen Dokumente ab, rein immateriell.

Resultat:

These 4: Die im Rahmen der Viabilität 2. Ordnung vorgenommene Bewertung/ Beurteilung ist eine reine Dienstleistung des Typ V der Dienstleistungstypologie.

V. Ergebnisse

A. Beantwortung der Forschungsfragen

1. Frage

Lässt sich systemisch-konstruktivistischer Unterricht als Dienstleistung beschreiben und wenn ja, wie?

Die Akzeptanz des Ergebnisses hängt von der vom Verfasser vorgenommenen Zusammensetzung von Unterricht aus den vier Komponenten ab: Unterricht in der hier vorgestellten Komposition aus struktureller Kopplung, Gestaltung der Lernumgebung, Lernberatung und Viabilität ist begriffslogisch, wenn alle Komponenten Dienstleistungen sein müssen, keine Dienstleistung.

Gleichwohl lassen sich die Komponenten Lernberatung, Gestaltung situativer Lernumgebung und Viablität für sich als Dienstleistungen beschreiben.

2. Frage

Welche Grenzen für die Vereinbarkeit dieser beiden Modelle lassen sich angeben?

Zentraler Grund, weshalb Unterricht keine Dienstleistung ist, und hier ist die Grenze aufgezeigt, bildet die Unvereinbarkeit der strukturellen Kopplung mit der Dienstleistungsdefinition. Strukturelle Kopplung fällt insofern völlig aus dem Rahmen, da es auch keine Sachleistung ist. Dass sich Selbstlernumgebungen als Quasi-Sachleistungen oder Sachleistungen darstellen, und damit keine Dienstleistungen sind und insofern auch eine Unvereinbarkeit darstellen, ist zwar korrekt, hat aber eine andere Qualität.

B. Reflexion der Ergebnisse

Zu den Komponenten

Hinsichtlich der Zuordnung der Beratung zur reinen Dienstleistung ist der Verfasser sicher, dass diese Zuordnung Bestand haben wird. Die Auswirkungen auf die erforderlichen Qualifikationen der Lehrkräfte sind erheblich und die Bemerkungen dazu durchziehen mehr oder weniger die gesamte vom Verfasser gesichtete Literatur.

Interessanter ist der weitere Ausblick, den diese Ergebnisse ermöglichen. Beratung rückt nach der Meinung des Verfassers immer stärker in den Fokus von Bildung. Der Befund zur Gestaltung von Lernumgebung ist plural. Die vom Verfasser vorgenommene Fallunterscheidung ist anfechtbar, allerdings werden sich Lernumgebungen aus den genannten Gründen immer einer exakten Erfassung entziehen. Beratung wird aus Sicht des Verfassers zum Kern des Lehrerhandels, insbesondere da der Zugang zu Lernumgebungen immer weniger kontrollierbar ist.

Der Befund zur strukturellen Kopplung ist unbefriedigend, da hier offensichtlich noch Forschungslücken vorhanden sind und die Befunde aus der Literatur deshalb etwas vage ausfallen. Dieser Basisbaustein von Unterricht, das Fundament, ist weder hinreichend verstanden noch hinreichend untersucht.

<u>Zum Produkt von Schule allgemein</u>
Mit dieser Einteilung von Unterricht in Komponenten und deren Zuordnung zur Dienstleistung oder Sachgut ist insgesamt ein Schritt hin zu einer präzisieren Definition dessen getan, was das Produkt von Schule bzw. Unterricht ist.

Diese untersuchten Bestandteile machen es möglich, Schule organisatorisch bzw. prozessual auf diese Produkte auszurichten, entsprechende Produkte anzubieten, zu vergleichen etc. Die Schlüsselfragen lauten hier nun: Welche schulinternen Prozesse erzeugen diese Produkte und wer hat die entsprechende Aufgabe zu bewältigen?

Die Kernaufgabe „Gestaltung der Lernumgebungen" beispielsweise ist wegen ihrer festgestellten Komplexität und Vielgestaltigkeit einer Gruppe/Team als Aufgabe zuzuweisen, dem Kollegium der Lehrer. Niemand anderes ist aus Sicht des Verfassers dem Komplexitätsgrad dieser Aufgabe gewachsen.

Die Aufgabe Lernberatung ist, um die Einzellerner optimal betreuen zu können, bei der Einzellehrkraft anzusiedeln. Allerdings erfordert diese doch eine erhebliche Umqualifizierung der Lehrkräfte. Dreh – und Angelpunkt der Qualifikation ist der stark ausgebildet Beobachter 2. Ordnung in jeder Lehrkraft, Arnold/Gomez, S. 164/5.

C. Integrationsbetrachtungen

Der Versuch des Verfassers, Dienstleistung und Unterricht zu vergleichen und einander entgegenzusetzen, hat abgrenzenden und teilenden Charakter und ist aus Sicht des Verfassers für zukünftige Entscheidungen nicht zielführend. Wichtiger ist es, diese beiden Modell und Betrachtungsweisen zu integrieren.

Wie schon in der Einleitung angesprochen, zielt einerseits die BWL auf Handlungs-empfehlungen für die Betriebsleitung, der Makroebene von Schüßler, 2010, S. 81, „Organisationsstruktur", nicht unähnlich. Didaktik ist (andererseits) meist Mikrodidaktik, Schüßler, aaO, Mitte. Hier liegt kein Widerspruch sondern die Chance für eine komplementäre Ergänzung. Diese Integration ist aus Sicht des Verfassers machbar: Es betrifft die Einbettung eines systemischen Prozesses in ein anderes System.

Ein Versuch, Schule einzig und allein aus der Sicht der BWL zu optimieren muss fehlschlagen, denn die BWL versteht den Kernprozess von Schule nicht, hier sind die Schulexperten gefragt. Andererseits wird der Versuch der Schulpädagogik, Schule als Betrieb zu optimieren, nicht gelingen, wenn man nicht verstanden hat, wie Optimierung auf betrieblicher Ebene funktioniert und dies ist ohne die Experten des ökonomischen Prinzips nicht zu leisten.

Es kann also nur um eine sinnvolle Fusion /ein Zusammenwachsen gehen, bei der beide ihre jeweiligen Stärken einbringen und etwas Neues entsteht. Dies läuft auf eine Hybridisierung von BWL und Schulpädagogik analog Medizin – Technik, Wirtschafts – Ingenieur, Wirtschafts – Informatik, etc., hinaus. Idealerweise wäre die Einrichtung eines Lehrstuhls für Schulbetrieblehre analog Bankbetrieblehre, Handelsbetrieblehre und Versicherungsbetriebslehre o.ä. angebracht.

Literaturverzeichnis

Ackeren, Isabell von
Internationale Vergleichstudien, Studienbrief SM 820 der Uni Kaiserslautern.
Kaiserslautern, 2006

Arnold, Rolf
Selbstbildung, Baltmannsweiler, 2010 a

Arnold, Rolf
Systemtheoretische Grundlagen einer Ermöglichungsdidaktik,
in:
Arnold, Rolf / Schüßler, Ingeborg
Ermöglichungsdidaktik, Baltmannsweiler 2010 b

Arnold, Rolf
Leadership und Lernkulturwandel – Studienbrief SM 110 der Uni Kaiserslautern.
Kaiserslautern, 2009 a

Arnold, Rolf / Arnold-Haecky, Beatrice
Der Eid des Sysiphos, Baltmannsweiler 2011

Arnold, Rolf / Gomez Tutor, Claudia
Grundlinien einer Ermöglichungsdidaktik, Augsburg 2007

Arnold, Rolf / Faber, Konrad
Qualitätssicherung und Qualitätsmanagement – Studienbrief 910 der Uni
Kaiserslautern, Kaiserslautern 2005

Arnold, Rolf / Pätzold, Henning, 2006, Individuen und Organisationen als Lernende –
Studienbrief SM 130 der Uni Kaiserslautern, Kaiserslautern

Arnold, Rolf
Der Lehr-Lernprozess
in: Mertens, Gerhard / Frost, Ursula / Böhm, Winfried

Handbuch der Erziehungswissenschaft Band II, Paderborn, 2009 b

Arnold, Rolf / Schüßler, Ingeborg

Ermöglichungsdidaktik, Baltmannsweiler 2010

Avenarius, Hermann / Heckel, Hans

Schulrechtskunde, Neuwied, 2000

Bartelborth, Thomas

Erklären, Berlin 2007

Beck, Ulrich,

Risikogesellschaft, Frankfurt 1986

Bieger, Thomas,

Dienstleistungsmanagement, Bern, 2007

Bonsen, Martin / Büchter, Andreas

Sozialwissenschaftliche Forschungsmethoden – Studienbrief SM 810 der Uni

Kaiserslautern, Kaiserslautern, 2005

Brockhaus, Die Enzyklopädie

Leipzig, 1998, 20. A, Bd. 20

Corsten, Hans

Dienstleistungsmanagement, München, 2007

Corsten, Hans

Lexikon der BWL, München, 2000

Corsten, Hans

Integratives Dienstleistungsmanagement – Ideen und Elemente, Kaiserslautern, 1997

Engel, Frank / Nestmann, Frank / Sickendiek, Ursel

Das Handbuch der Beratung, Tübingen 2004

Engelhardt, Werner H / Kleinaltenkamp, Michael / Reckenfelderbäumer, Martin
Leistungsbündel als Absatzobjekte, in:
Hans Corsten (Hrg), Integratives Dienstleistungsmanagement, Wiesbaden 1994

Erpenbeck, John / Heyse, Volker
Die Kompetenzbiographie, Münster 2007

von Foerster, Heinz
Entdecken oder Erfinden – Wie lässt sich das verstehen?
in: Einführung in den Konstruktivismus, München, 2009

Forneck, Hermann J
Selbstlernumgebungen: Zur Didaktik des selbstsorgenden Lernens und ihrer Praxis
Baltmannsweiler, 2005

von Glasersfeld, Ernst
Konstruktion der Wirklichkeit und des Begriffs der Objektivität
in: Einführung in den Konstruktivismus, München, 2009

Haller, Sabine
Dienstleistungsmanagement, Wiesbaden, 2001

Helmke, Andreas
Unterrichtsqualität – Konzepte, Messungen, Veränderungen
Studienbrief 410 der Uni Kaiserslautern,
Kaiserslautern, 2006

Hilke, Wolfgang
Grundprobleme und Entwicklungstendenzen des Dienstleistungsmarketing, in:
Dienstleistungs-Marketing, (Schriften zur Unternehmensführung, Bd. 35),
Wiesbaden, 1989

Jahraus, Oliver
Bewusstsein und Kommunikation - 2. Strukturelle Kopplung
http://iasl.uni-muenchen.de/discuss/lisforen/jahraus2.htm, recherchiert am 29.10.11

Jordan, Stefan / Schlüter, Marnie
Lexikon Pädagogik, Stuttgart, 2010

Kaiser, Arnim et al.
Lernertypen – Lernumgebungen – Lernerfolg, Bielefeld 2007
Kapitel 2: Die Projekte Variation der Lernumgebung ec., S. 17 f.

Kemper, Marita / Klein, Rosemarie
Lernberatung, Baltmannsweiler, 1998

Knoblich, Hans / Oppermann, Ralf
Dienstleistung – ein Produkttyp, in:
Der Markt, Jg. 35, Nr. 136, 1996

Knoll, Jörg
Lern – und Bildungsberatung, Bielefeld, 2008

Lindemann, Holger
Unternehmen Schule, Göttingen, 2010

Lindemann, Holger
Konstruktiv und Pädagogik, München, 2006

Luhmann, Niklas
Einführung in die Systemtheorie, Heidelberg, 2009

Maritzen, Norbert
Externe Evaluation und Schulinspektion, Studienbrief 920 der Uni Kaiserlautern,
Kaiserslautern, 2006

Maturana, Umberto / Varela, Francisco
Der Baum der Erkenntnis, Frankfurt 2010

Maleri, Rudolf
Grundlagen der Dienstleistungsproduktion, Berlin, 1997

Meffert, Heribert / Bruhn, Manfred,

Dienstleistungsmarketing, Wiesbaden, 2009

Niggli, Alois

Die Passung von Instruktion und Selbstlernen als Grundelement arrangierter

Lernwelten

in:

Voß, Reinhard,

LernLust und Eigensinn, Heidelberg, 2005

Pätzold, Henning

Lernberatung und Erwachsenenbildung, Baltmannsweiler, 2008

Pepels, Werner

Betriebswirtschaft der Dienstleistung, Herne, 2003

Rau, Thomas / Krebs, Stefan

Lerndienstleistungen für die Aus – und Weiterbildung DIN ISO 29990 : 2010-12

in; DIN Mitteilungen März 2011, S. 9-12

Reich, Kersten

Systemisch – konstruktivistische Pädagogik, Weinheim, 2010

Reinmann, Gabi / Mandl, Heinz

Unterricht und Lernumgebungen gestalten

in: Krapp, Andreas / Weidenmann, Bernd, Pädagogische Psychologie, Weinheim, 2006

Sackmann, Reinhold,

Lebenslaufanalyse und Biographieforschung, Wiesbaden, 2007

Schein, Edgar H.

Prozessberatung für die Organisation der Zukunft, Bergisch Gladbach, 2003

Schiersmann, Christiane

Bildungs – und Berufsberatung neu denken

in: Hammer, Marika / Kanelutti, Erika / Melter, Ingeborg, Zukunftsfeld Bildungs – und

Berufsberatung, Bielefeld, 2011

Schläbitz, Norbert

Vom Dirigieren zum Moderieren oder: „Lernumwelten" in flexiblen Wissenswelten

in:

Voß, Reinhard,

LernLust und Eigensinn, Heidelberg, 2005

Schierenbeck, Henner / Wöhle, Claudia

Grundzüge der BWL, München 2008

Schmidt, Monika

Was Lernberatung und – prozessbegleitung beinhalten – Ein Einblick in Diskurse und

Positionen

in: GdW – Ph 65, 8.70.1, 2006

Schüßler, Ingeborg,

Paradoxien einer konstruktivistischen Didaktik

in: REPORT(28) 1/2005

Schüßler, Ingeborg, 2008, Lernkulturwandel II und Projektmanagement - Studienbrief

SM 120 der Uni Kaiserslautern , Kaiserslautern

Schüßler, Ingeborg,

Ermöglichungsdidaktik – eine didaktische Theorie ?

in: Arnold, Rolf / Schüßler, Ingeborg

Ermöglichungsdidaktik, Baltmannsweiler 2010

Schüßler, Ingeborg / Thurnes, Christian M.

Lerndienstleister und Lerndienstleistung

in: QUEM-Bulletin, 4/2006

Schwarzer, Christine / Posse, Norbert

Beratung im Handlungsfeld Schule

in: Pädagogische Rundschau, 2005, S. 139 - 151

Siebert, Horst,

Konstruktivistische Leitlinien einer Ermöglichungsdidaktik

in: Arnold, Rolf / Schüßler, Ingeborg

Ermöglichungsdidaktik, Baltmannsweiler 2010

Siebert, Horst

Konstruktivistisch lehren und lernen, Augsburg, 2008

Siebert, Horst

Selbstgesteuertes Lernen und Lernberatung, Augsburg, 2009

Simon, Fritz B.,

Einführung in Systemtheorie und Konstruktivismus, Heidelberg, 2009

Tenberg, Ralf

"Dienstleistung" Unterricht? Unstimmigkeiten bei der Adaption betrieblicher Instrumente

von Qualitätsmanagement an Schulen

Quelle: www.ev-schule-

lichtenberg.de/fileadmin/schulstiftung/08_service/Download/ PQM-

Dienstleistung_Unterricht.pdf, veröffentlicht 2003, zuletzt recherchiert am 29.12.11

Terhart, Ewald,

Stichwörter: Schulpädagoik, Didaktik

in: Jordan, Stefan / Schlüter, Marnie, (Hrg)

Lexikon Pädagogik, Stuttgart 2010

Tenorth, Heinz-Elmar

Lexikon Pädagogik, Weinheim, 2007

Voß, Reinhard

Unterricht aus konstruktivistischer Sicht, Weinheim, 2005

Wöhe, Günter / Döring, Ulrich

Einführung in die Allgemeine Betriebswirtschaftslehre, München 2010